KB124231

영화와 가족 : 그렇게 가족이 된다

| 목차

| 저자 소개

김 경

동국대에서 영화이론 석사와 박사수료 후 South Baylo University에서 한의학으로 석사, American Liberty University에서 한방정신분석학으로 박사 학위를 받았다. 영화사와 방송 프로듀서(PD)로 기획과 연출, 시나리오 작업을 했으며, 영화제 프로그래머 및 부집행위원장을 역임했다. 『이만희』(2005)는 영화 「만추」 복원작업의 결실이었으며, 『멜로드라마란 무엇인가』(1999)에서 김기영 감독의 〈하녀〉 연작을 썼다. 〈신성일론〉, 〈이미숙:두 개의 입술-양성적 카리스마〉 등 배우론을 통해 섹슈얼리티를 탐구했고 임권택 감독의 〈서편제〉와 〈족보〉를 통해 한국성을 모색했다. 정신과 몸에 대한 치료적 접근으로 영화와 한의학을 접목시키는 작업을 하고 있다. 〈르몽드 디플로마티크〉에 「김경의 시네마크리티크」를 연재 중이다.

김 경 욱

연세대에서 사회학을 전공하고, 동국대와 중앙대에서 영화이론 석사와 박사 학위를 받았다. 영화사에서 기획과 시나리오 컨설팅을 했고, 영화제에서 프로그래머로 일했다. 영화진흥위원회 소위원회 위원, 객원 책임연구원 등을 역임했다. 영화평론가로 글을 쓰면서, 대학에서 영화 관련 강의를 하고 있다. 저서로는 『한국영화는 무엇을 보는가』(2016), 『나쁜 세상의 영화 사회학』(2013), 『블록버스터의 환상, 한국영화의 나르시시즘』(2002) 등이 있다. 〈르몽드 디플로마티크〉에 「김경욱의 시네마크리티크」와 「김경욱의 문화톡톡」을 연재 중이다.

서 곡 숙

영화평론가. 서울대학교 국어국문학과를 졸업하고, 동국대학교 연극영화과 대학원에서 석사와 박사 학위를 받았다. 산업자원부 산하 기관인 경북테크노파크에서 문화산업 정책기획 선임연구원, 팀장, 실장으로 근무하였다. 현재 청주대학교 연극영화학부 조교수로 있으면서, 한국영화평론가협회 총무이사, 한국영화교육학회 부회장 및 편집위원장, 계간지 〈크리티크 M〉 편집위원장 등으로 활동하고 있다. 평론집으로는 『영화와 사랑』, 『영화와 범죄』, 『웹툰과 로맨스』, 『영화와 자화상』 등이 있다. 〈르몽드 디플로마티크〉에서 「서곡숙의 시네마 크리티크」와 「서곡숙의 문화톡톡」을 연재 중이다.

서 성 희

연극영화학과에 입학해 시나리오를 쓰고 단편영화를 만들며 감독을 꿈꾸다, 졸업 후 영화제작사에서 영화 기획과 마케팅 업무를 했다. 경영학과에서 마케팅 전공으로 「영화에 대한 기대가 관람 후 지각된 성과와 만족에 미치는 영향」으로 석사학위를, 영화영상학과에서 「여성 복수영화의 장르적 진화 연구」로 박사학위를 받았다. 대구경북영화영상사회적협동조합 이사장, 독립영화전용관 오오극장 대표, 대구영상미디어센터 센터장으로 활동하고 있다. 강의와 방송과 지면에서 영화와 관련된 말과 글로 영화 · 영상 생태계를 살리는 일에 힘쓰고 있다.

송 연 주

영화평론가. 작가. 세종대학교에서 시나리오 · 영상기획 전공으로 석사를 마치고, 영상예술전공으로 박사과정을 수료했다. 세종대학교에서 영화 관련 강의를 하였다. 〈르몽드 디플로마티크〉에서 「송연주의 문화톡톡」과 「송연주의 시네마 크리티크」를 연재했고, 제5회 르몽드 영화평론가상을 받았다. 영화진흥위원회 한국영화 기획개발 지원사업에 공동작가로 선발되었고, CJ E&M 영화사업부, 네이버 웹툰 사업부 등 회사와 콘텐츠 기획, 각색 작업을, 팀고릴라컨텐츠그룹과 영화 시나리오 각본 작업을 하였다.

송 영 애

한양대학교 연극영화학과에서 영화 연출을 전공했다. 단편영화 4편을 만들었지만, 실험영화에 관심이 생기면서 대학원에서 이론 공부를 시작했다. 현재 영화 관련 글을 기고하며, 서일대학교 영화방송공연예술학과 교수로 재직 중이다. 관심 분야는 한국영화 역사, 대중문화, 교육, 대안영화 등이다. 공저로 『영화예술의 이해』(2000), 『은막의 사회문화사: 1950~70년대 극장의 지형도』(2017), 『한국영화감독 1』(2020), 『욕망의 모호한 대상』(2021), 『영화와 배우』(2021) 등이 있다.

윤 필 립

세종사이버대 한국어학과 교수로, 계명대에서 한국어문학, 영어영문학을 전공하고, 연세대에서 국어국문학 석박사 학위를 받았다. 미국 에모리대 대학원 펠로우십 후 대만 정치대와 싱가포르 난양공대 전임교수를 역임했다. 방송작가로 일하다 시나리오작가협회 교육원 수료 후 시나리오를 썼으며, 서울국제사랑영화제 기독비평 대상과 동아일보 신춘문예 당선으로 등단했다. 영화평론가협회 출판간사, 대종상 심사위원 등을 역임했다. 한겨레신문 〈한국영화사 100년, 한국영화 100선〉 집필에 참여했고, 〈르몽드 디플로마티크〉에 글을 연재하고 있다.

이 현 재

영화평론가. 그리고 만화평론가. 경희대학교에서 한국문화콘텐츠 전공으로 박사과정을 밟고 있다. 2020 동아일보 신춘문예 영화평론부문 당선, 2021년 한국만화영상진흥원 만화평론 신인상을 통해 등단하였다. 「한류 스토리콘텐츠의 캐릭터 유형 및 동기화 이론 연구」(경제 · 인문사회연구회) 등 다수의 연구 프로젝트에 참여하기도 하였다. 지금은 〈르몽드 디플로마티크〉, 〈지금, 만화〉 등에 글을 쓰고 있으며, 경희대학교 K컬쳐 · 스토리콘텐츠연구소, STRABASE에서 활동하고 있다.

정 문 영

서울대에서 영문학을 전공하고, 델라웨어 대학교에서 현대비평이론과 드라마 연구로 영문학박사 학위를 받았다. 계명대학교 영어영문학과 교수로 재직하였다. 현대영미드라마학회장을 역임했으며, *Modern Drama*, *Korea Journal*, *English Studies* 등 다수의 국제전문학술지 및 국내외 연구 논문과 저서를 출판했다. 대표 저서로는 『해럴드 핀터의 영화정치성』(2016), 『해럴드 핀터의 정치성과 성정치성』(2010), 『현대 비평이론과 연극』(2005), *Pinter at Sixty* (1993) 등이 있다. 〈르몽드 디플로마티크〉에서 「정문영의 시네마크리티크」를 연재 중이다.

지 승 학

2011년 동아일보 신춘문예 영화평론부문에 이창동 감독의 영화 〈시〉에 대한 글, 『시의 가치를 생각하다.』로 등단하였다. 2015년 영상철학 논문 '선(線)의 인간학 연구'로 박사학위를 취득하고 현재 고려대학교 응용문화연구소 연구교수로 재직 중이다. 한국영화평론가협회 회원으로 홍보이사를 역임 중이다. 〈르몽드 디플로마티크〉에서 영화 비평을 연재중이고 유튜브 채널 '톡톡시네'를 진행하고 있다.

최 재 훈

영화평론가. 문화예술 칼럼니스트로 활동 중이다. 한국예술종합학교 연극원 졸업.
37회 영평상 신인평론상 최우수상을 수상하여 등단하였다. 제3회 르몽드 영화평론
가상을 수상하였으며 〈월간 객석〉, 〈르몽드 디플로마티크〉, 〈월간 에세이〉 등 문화예
술전문지에 영화 및 공연예술 칼럼을 연재하고 있다. 저서로 영화에세이집 『나는 아
팠고, 어른들은 나빴다』가 있다. 영화를 오독하지 않고 정직하게 읽어줄 수 있는 창
작자로서의 비평가를 꿈꾼다.

∣ 서문

가족, 가깝고도 먼...

〈르몽드 디플로마티크〉의 「르몽드 시네마 크리티크」에 영화평을 쓰고 있는 필자들은 영화와 관련한 주제를 선택해 2018년부터 매년 영화평론집을 출판해왔다. 2022년에 선정한 주제는 '가족'이다.

가족이 없는 사람은 있어도 가족이 없었던 사람은 없다. "당신의 어린 시절은 어떠했습니까?" 이런 질문을 받으면 어떻게 대답해야 할까? 만일 다른 부모, 다른 가정에서 태어나 자랐다면, 내 인생은 지금보다 180도 달라졌을까? 정말 가족이 달랐다면, 나는 다른 사람이 되었을까? 좋은 가족을 만났다고 반드시 좋은 인생을 사는 것도 아니고 나쁜 가족을 만났다고 반드시 나쁜 인생을 사는 것은 아니지만, 한 사람의 운명에서 가족은 너무나 큰 영향을 미친다.

영화가 영상매체이자 이야기 매체라고 할 때, 이야기의 중심에는 인간이 놓일 수밖에 없다. 인간에게 가족은 가장 중요한 존재이기 때문에, 너무나 많은 영화에서 크고 작은 소재로 다루어져 왔다. 가족 멜로드라마 장르에서는 메인 플롯으로, 다른 장르에서는 하위 플롯이 되는 경우가 허다하다. 그러므로 '가족'은 영화와 관련해 다루어볼 만한 중요한 주제이다.

영화와 가족을 다룬 이 책에서, 김 경, 김경욱, 서곡숙, 서성희, 송연주, 송영애, 윤필립, 이현재, 정문영, 지승학, 최재훈 등 11명의 필자는 각자의 시선으로 영화에서 가족이 재현되는 다양한 방식을 탐구했다.

제1부, '그럼에도, 가족'은 혈연을 매개로 한 가족을 다룬 영화에 대한 글을 모았다. 송연주의 「회생하는 아빠들」은 '현실 재난 코미디' 영화 〈싱크홀〉과 '도심 추격 스릴러' 영화 〈발신제한〉의 아빠들이 가족의 안위를 위해 온 몸을 던짐으로써, 마침내 영웅적인 '아버지의 자리'로 가는 과정을 분석했다. 최재훈의 「〈혼자 사는 사람들〉, 〈메리 크리스마스 미스터 모〉, 〈이장〉 : 아버지, 쓸쓸해서 쌀쌀한 그 삶」은 세 편의 영화를 통해 권위와 힘의 상징이었던 과거의 아버지가 자기 가족도 제대로 건사하지 못하는 무능력한 남자로 추락하는 가운데, 현재의 아버지가 처한 곤경에 대해 살펴본다. 현재의 아버지는 자신의 아버지에게 아버지의 역할을 배우지 못한 채, '부성'의 강요와 생활인의 '삶' 사이에서 비틀거리는 중이다. 김 경은 「이민가족-외할머니의 이름으로 : 〈미나리〉와 〈파친코〉 그리고 〈엄마 UMMA〉」에서, 세 편의 영화에서 등장하는 이민 가족의 외할머니를 조명했다. 새로운 터전에서 생존해야 하고 뿌리 내려야 하는 이민 가족에게 외할머니는 생존방식과 생활의 지혜를 전해주는 존재로서 매우 중요한 역할을 한다. 김경욱의 「〈가을 소나타〉, 엄마에게 보내는 편지」는 영화 〈가을 소나타〉를 통해 성공한 엄마와 평범한 딸 사이에서 벌어지는 심리적 갈등을 분석했다. 피아니스트로서의 명성을 유지하기 위해 가족을 희생시킨 엄마와 이기적인 엄마에게 억압당해 자신의 인생을

잘 살아가지 못하는 딸은 오랜만에 마주하게 되자 격렬하게 충돌한다.

제2부, '그러니까, 가족'은 혈연관계가 없는 인물들이 '유사 가족'을 이루는 영화에 대한 글을 모았다. 송영애의 「한국 SF영화 〈승리호〉와 〈서복〉에서 발견한 가족」은 두 편의 영화에서 '가족'이 인물들의 행동과 사건 진행 등에서 주요 배경으로 활용되는 점에 주목한다. 그 결과 두 편의 영화에서 발견한 가족은 영화 밖 현실에 기반한 모습으로, 현재 우리 사회의 가족에 대한 시선, 바람 등과 관련이 있다. 지승학의 「가족, 그 혈연 너머」는 〈어느 가족〉을 중심으로 혈연관계가 없는 인물들이 가족으로 살아가는 문제를 조명한다. 이 영화에서 고레에다 히로카즈가 그려내고 싶은 가족은 '혈연' 너머 하나이면서 전부가 될 수 있는, 뿔뿔이 흩어져 있어도 여전히 하나가 될 수 있는 '관계' 그 자체이다. 윤필립의 「조각조각 흩어진 가족사진으로 창조한 산뜻한 모자이크, 〈안경〉」은 영화 〈안경〉을 통해 혈연중심의 가족제도를 벗어나 아무런 관련이 없는 낯선 타인들이 만나 자연스럽게 끈끈한 대안적 가족 공동체를 이뤄나가는 과정을 추적한다. 서성희의 「〈플로리다 프로젝트〉 : 가족은 꼭 함께 살아야 하는가?」는 디즈니월드 건너편 가난 속에 살아가는 아이들의 이야기를 다루고 있다. 아이들이 엄마에게 제대로 된 보살핌을 받지 못할 때, 사회는 어떻게 해야 할까? 영화 〈플로리다 프로젝트〉가 던지는 문제이다.

제3부, '그러므로, 가족'은 가족이 해체되는 시대에 '가족 너머'를 질문하는 영화에 대한 글을 모았다. 정문영의 「〈기생충〉 : 한 지붕 세 가족의 비극적 탄생」은 '한 지붕 세 가족'의 특별한 가족 이야

기 〈기생충〉을 통해, 봉준호는 '카메라-의식'이라는 영화 그 자체로 지배계급을 대변하는 진실에 충격을 가하는 스토리-텔링의 가족영화를 탄생시켰다고 주장한다. 서곡숙은 「〈암살〉: 가족 해체와 민족 내분의 알레고리」에서, 영화 〈암살〉을 가족과 민족의 알레고리로서 살펴본다. 그 결과 이 영화에서는 인물의 반복과 변형, 욕망의 상실과 우울, 의사소통의 이율배반성과 파편화 등이 나타난다. 이현재의 「〈극장판 주술회전 0〉: 가족 와해의 시대, 공포가 귀환한다」는 가족 까지 부담으로 여겨지는 시대와 관련해 〈귀멸의 칼날〉과 〈주술회전〉 같은 일본 아니메를 살펴본다. 일본 아니메에서는 공동체가 와해 되고 눈앞에 재앙이 닥치는, 심적·물적 안전을 보장할 수 없는 상황에서, 가족이 붕괴된 그 자리에 '공포'가 귀환하고 있다.

이처럼 11명의 영화평론가는 각자의 취향과 관심사에 따라 '영화'와 '가족'을 연결해 다채로운 결과물을 만들어냈다. 이 책을 통해 독자들이 영화와 함께 가족의 위기, 가족의 해체, 새로운 개념의 가족 등이 회자 되는 이 시대에 '가족'의 문제를 돌아보고 생각해보는 시간이 되기를 바란다.

여러모로 어려운 상황에서, 이 책을 함께 만든 11명의 영화평론가, 르몽드 코리아의 성일권 대표, 조예리 디자이너와 편집부의 모든 분께 감사를 전한다.

2022년 9월
필자를 대표하여
김경욱

제1부

그럼에도, 가족

1장
회생하는 아빠들

송연주

코로나 펜데믹 상황에서 〈싱크홀〉(김지훈, 2021)과 〈발신제한〉(김창주, 2021)은 '아빠'를 주인공으로 내세워 흥행에 성공했다. 〈싱크홀〉의 아빠들은 아이와 함께 싱크홀에 빠졌고, 〈발신제한〉의 아빠는 아이들을 태운 차에 폭탄이 설치됐음을 알게 된다. 코미디와 스릴러라는 서로 다른 장르의 영화 속에서 아빠들은 어떤 모습이고, 어떻게 회생했을까?

〈싱크홀〉, 무너진 집에서 아이들을 구한 아빠

〈싱크홀〉은 코미디 장르 영화로, 홍보용 장르는 '현실 재난 코미디'다. 영화는 서민에게 '집'이란 얼마나 마련하기 어려운 대상인지를 짚으며 시작한다. 37세 회사원인 동원(김성균)이 신축 빌라로 이사를

〈싱크홀〉 동원의 가족이 '내 집'을 가져 행복해하고 있다

온다. 그는 시골에서 무일푼으로 서울에 올라와, 직장생활 11년 만에 '집'을 마련한 가장이다. 물론 3억 9천만 원의 집값에 대출을 '풀로 땡겨' 삶의 여유가 크지는 않지만, 열심히 노력해서 아들 수찬(김건우)과 아내 영이(권소현)를 위한 '우리 집'을 '서울'에 마련했다는 자부심이 있다. 영이는 '내 집'이 주는 편안함과 아늑함에 행복해하고, 그간 고생한 동원을 위해서 이제라도 동원에게 경제적으로 힘이 돼주려 한다. 동원은 서울에 집을 마련했다고 회사에서 축하 박수까지 받는다.

동원과 이사 첫날부터 티격태격 다투는 빌라 주민 만수(차승원). 공무원 시험을 준비하는 아들 승태(남다름)와 함께 사는 싱글대디인 그는 아들과 사이가 좋지 않다. 아들에게 대화를 시도하면 거절당하고, 소통이 잘 되지 않는다. 그가 아들에게 해줄 수 있는 것은 "담배는 나가서 피워라.", "PC방에 가지 마라" 정도의 잔소리와 아들의 공무원 학원비를 벌어다 주는 것뿐이다.

코미디 장르답게 영화는 평범하게 살아가는 두 아빠를 주인공으로 택했고, 싱크홀이 생기기 전까지 그들의 우스꽝스러운 갈등을 반복적으로 보여준다. 그리고 동원과 만수의 갈등에서 두 사람 모두 서민이지만, 그들 내의 경제적인 위계를 자연스럽게 노출한다. 동원은 5층 이주민이자 집주인이고, N잡을 뛰는 만수에게는 고용자가 된다. 만수는 2층 원주민이자 월세 세입자이며, 마치 '홍반장'처럼 동원의 동선에 등장해서 그의 피고용자가 되기를 자처한다. 동원은 아들 수찬에게 '우리 집'을 갖게 해준 아빠라면, 만수는 다 큰 아들 승태에게 공무원 학원비를 벌어주기 위해 고군분투하는 아빠다.

〈싱크홀〉만수가 승태에게 공무원 학원을 다시 다니라고 설득하고 있다

　이렇게 다른 두 사람이지만, 신축 빌라 하자에 대응하는 둘의 태
도는 닮았다. '집값'보다는 '안전'을 우선시한다. 두 아빠는 빌라 내부
와 외부에서 발견되는 여러 하자를 보수하기를 원하지만, 입주민들
은 집값이 내려갈 것을 우려해 쉽게 동의하지 않는다. 그렇게 동원이
11년 걸려 마련한 '우리 집'은 이사한 지 2주 만에 싱크홀에 빠져버
린다.
　싱크홀에서, 동원과 만수는 모두 아들을 구하려 노력한다. 여기
서 '현실 재난 코미디' 장르의 성격이 고스란히 살아난다. 위기의 상
황에서 슬랩스틱을 벌이고, 현실적으로는 생존하기 어려운 상황에서
도 생환하기를 반복하는 것이다. 특히 동원은 아래층으로 내려가 수
찬을 구조한 뒤 다시 위층으로 회귀하는 과정에서 평소 체력을 넘어
서는 괴력을 발휘한다. 이 장면에는 아이를 구하려는 아빠의 절절함

이 녹아있다. 또한 만수는 위기 상황을 겪으면서 승태와 소통하는 데 성공하고, 이후에는 사람들 모두를 구하는 히어로가 된다. 싱크홀이 생기기 전에 구축했던 동원과 만수의 위계가 전복되는 것이다.

〈싱크홀〉 만수가 나서서 동원과 수찬을 먼저 구조하고 있다

영화는 부실 공사의 책임을 묻지는 않는다. 시스템을 비판하기 보다는, 개인의 인식변화를 강조한다. 동원에게 '집'과 '돈'에 대해 말 하는 김 대리(이광수)의 태도가 그렇다. 대출을 더 받아서라도 아파 트를 사야 한다고, 원룸에 살면 결혼조차 할 수 없다던 김 대리의 집 에 대한 인식은, 싱크홀을 겪은 후 '욜로'(현재 자신의 행복을 가장 중시하고 소비하는 태도)의 세계관으로 바뀐다. 그리고 영화가 중요 하게 다루는 사실은, 평범한 가장들이 직접 자신의 아이를 구한다는 것이다. 마지막 불꽃을 바라보는 아빠들의 시점에서 영화는 통합과

화합으로 낭만적인 결말을 보여준다.

〈발신제한〉, 협박범으로부터 아이들을 구한 아빠

〈발신제한〉은 액션, 스릴러로 구성된 '도심 추격 스릴러'다. 원작 〈레트리뷰션: 응징의 날〉(다니 델 라 토레, 2015)의 구성과 서스펜스 미스터리 요소를 대부분 따르면서도, '아빠'의 설정은 달리했다.

원작의 도입부가 스페인 바닷가 부촌, 고급 주택 속 시끄럽고 삐걱대는 주인공 가족의 모습을 담고 있다면, 〈발신제한〉은 파도가 밀려오는 사진에서 시작한다. 카메라가 서서히 빠지면 사진 전체가 보이는데, 두 아이를 데리고 파도를 피해 달리는 아빠 성규(조우진)의 활짝 웃는 표정이 인상적이다. 영화의 결말까지를 생각해보면, 사진은 문제의 6년 전보다 더 이전에 찍은 것으로 추측된다.

긴장감을 서서히 끌어올리는 음악과 함께 화면은 커트 되고, 고단하게 잠든 성규의 얼굴로 이어진다. 잠든 그의 머리에 총구가 겨눠진다. 방아쇠가 당겨지면, 아들 민준(김태율)의 장난감 총이란 걸 알 수 있다. 아이들을 데리고 활짝 웃던 사진과 달리, 아빠 성규는 민준의 장난에 잠을 깨고 피곤함을 호소한다.

성규는 바른 은행 PB센터 센터장으로 근무하면서, 바쁜 와중에도 직접 운전해서 민준과 딸 혜인(이재인)을 학교까지 바래다주고, 민준에게 손흥민 사인볼을 선물하며 뿌듯해하는 아빠다. 그런 성규에게 발신번호 표시제한 번호로 전화가 온다. 현금으로 9억 6,000만 원을 준비하고, 17억 2,600만 원을 송금하지 않으면, 차량에 설치한 폭탄을 폭발시키겠다는 협박이다. 차량 시트에 장착된 폭탄은 자리에서 일어나면 터지게 설계됐다. 차에는 아들과 딸까지 탑승한 상황이다.

영화는 '성규가 이 위기를 어떻게 해결할 수 있을까?'라는 질문으로 극 전체를 아우르며 서스펜스를 형성하고, '협박범은 누구인가?'라는 극적 질문으로 미스터리를 형성한다. '협박범은 누구인가?'라는 질문은 영화 중반, 협박범이 모습을 드러내면서 실마리가 풀린다. 그러나 미스터리는 다음 질문으로 계속 이어진다. '그가 왜 이런 협박을 하는가?'다. 성규가 피해자이고 협박범이 가해자였던 그들의 구도는, 그 질문의 답 앞에서 뒤바뀐다. 6년 전 성규가 가해자였고, 협박범이 피해자였음이 밝혀지는 것이다. 그리고 협박범이 요구한 돈의 용도를 알고 성규는 무너진다. 그 돈은 바로 성규가 판매한 상품의 피해자들이 은행과의 소송을 위해 은행에서 대출한 돈이었다.

한때는 파도가 밀려오는 바닷가에서 아이들과 함께 시간을 보냈던 아빠였지만, 몇 년간 가족과 시간을 갖지 못했던 성규. 그의 잘못은 가족과 멀어지면서까지 열심히 일한 죄, 은행이 마련한 매뉴얼에 따라 자기 직분에 충실했던 죄였다. 파생상품의 위험성을 제대로 알리지 못한 채, 매뉴얼대로 불완전 판매가 이뤄졌고, 피해자가 발생했다. 성규는 피해를 은폐했고, 이 실적으로 승진했다. 피해자인 협박범의 아내는 임신한 채 생을 마감했다. 협박범은 예비 아빠였지만, 성규로 인해 아빠가 되지 못했다.

성규는 그에게 사과하고 모든 것을 되돌리려 하지만, 사적 복수를 저질러버린 협박범에게 미래란 없다. 성규는 딸 혜인을 지켜내는

〈발신제한〉 성규는 혜인을 구하고 단절된 관계를 회복한다

데 성공했고, 협박범 또한 살리려 노력했으나 폭탄이 터지는 상황에서 기적처럼 홀로 생환한다. 그리고 딸을 사랑하는 아빠이자, 자기 잘못을 바로잡고 은행을 상대로 싸우기까지 하는 '바른 아빠'로 회생하면서 히어로가 된다.

회생 과정의 영웅성

회생한 아빠들은 아이의 시선에 멋진 아빠이자 영웅으로 그려진다. 영웅 서사에서 영웅의 여정이 외롭고 고단할수록, 영웅이 감당할 무게가 무거울수록, 잘못을 인정하며 바른 선택을 해 나갈수록 성취의 결과는 더 값진 것이 되는데, 두 영화는 이를 위해 어떤 전략을 썼을까?

〈싱크홀〉과 〈발신제한〉은 문제 상황에서 '엄마'를 물리적으로 분리했다. 엄마들은 문제 상황의 언저리에서 애탈 뿐, 남편과 아이가 위기에 빠진 상황에 적극적으로 개입하거나 조력하지 못한다. 문

〈싱크홀〉 영이가 싱크홀 앞에서 절규한다

〈발신제한〉 연수가 경찰에 신고한 것이 드러나고 당황한다

제를 해결할 사람은 오직 '아빠'뿐이다.

동원의 아내 영이는 싱크홀에 빠지지 않는다. 아들 수찬이 싱크홀에 빠져있다는 것을 동원에게 알리고, 동원이 수찬을 구해올 수 있도록 정보를 제공한다. 그리고 영이가 할 수 있는 일은 동원과 수찬이 구조되기를 기다리는 것뿐이다. 성규의 아내 연수(김지호)도 폭탄이 설치된 차량에 동승하지 않는다. 연수 대신 바쁜 성규가 아이들의 등교를 맡았기 때문이다. 집에 홀로 남은 연수는 돈을 구해오라는 협박범의 요구를 받고, 가족을 구출하려 노력한다. 그러나 연수가 협박범의 지시를 어기고 경찰에 신고하는 바람에 성규와 아이들은 더 큰 위기에 빠진다.

문제 상황 발생 전에도 가족을 책임지는 무게는 '엄마'보다 '아빠'에게 더 컸다. 영이가 동원에게 집 장만하느라 고생했다며, 이제는 동원이 하고 싶은 것을 하도록 자신도 돈을 벌겠다고 말하는 장면에서 동원은 측은해 보이기까지 한다. 성규는 일 때문에 아내 연수와의 관계가 소원하고, 그런 이유로 딸 혜인의 눈치까지 본다. 일도 잘해야 하고, 가족과의 관계도 좋은 가장이 되어야 한다. 아빠들의 무게감이 커 보일수록 감정이입도 깊어진다.

아빠들은 문제 상황 앞에서 자신의 부족함을 인정한다. 사실, 싱크홀이 일어난 원인은 부실 공사 때문이고, 발신제한 번호로 성규가 협박받는 원인은 파생상품의 불완전 판매로 피해자가 생겼기 때문이다. 개인보다는 시스템의 문제가 크다. 하지만 동원과 만수는 자신의 경제적 능력이 부족해서 이런 빌라에 살 수밖에 없었다고 한탄하고 가족에게 미안해한다. 회사의 매뉴얼이 잘못된 줄 알고서도 회사의 지침을 따를 수밖에 없었던 성규는 자신의 선택을 후회하고 잘못을 바로잡겠다고 딸에게 고백한다. 이렇게 반성하고 성장하는 아빠들의 모습은 그들의 회생을 응원하게 만든다.

〈싱크홀〉과 〈발신제한〉의 아빠들은 경제적 여유를 꿈꾸는 시민이자, 아이를 아끼는 부모다. 그들은 '싱크홀이라는 재난' 혹은 '협박이라는 위기'에서 직접 자신의 아이를 구해냈다. 아빠들의 마지막은 아이들의 시선과 함께한다. 아이들은 엄마와 분리된 상황에서, 자신을 구하고 성장하는 아빠의 모습을 직접 보게 된다. 이는 '아빠'라는 존재가 영웅적이기를 바라는 심리가 투영된 것은 아닐까. 이들이 지금 시대를 살아가는 '아빠'의 표상이라고 말하기는 어렵겠지만, 아빠들의 '회생'과 '낭만적 해결'이 주는 대리만족에 대해서는 깊이 생각해볼 만하다.

그럼에도, 가족

2장
<혼자 사는 사람들>,
<메리 크리스마스 미스터 모>, <이장>
: 아버지, 쓸쓸해서 쌀쌀한 그 삶

최재훈

언제부터였을까? 아버지는 터지면 골치 아프지만 뚝 떼어버려도 별 상관없고, 별다른 문제만 없다면 그냥 달고 살아도 좋은 맹장 같은 존재가 되어 가족과 사회의 언저리를 맴돌고 있었다. 권위와 힘의 상징이었던 아버지란 대명사가 그저 자기 가족 하나 제대로 건사하지 못하는 무능력한 남자라는 뜻으로 곤두박질친 순간, 여전히 사회와 가족 사이에서 균형감각을 가지지 못하고 자신들의 아버지에게 아버지로서의 역할을 배워보지 못한 현재의 아버지는 미디어가 내세우는 '부성'에의 강요와 생활인으로서 자신의 삶 사이에서 비틀거린다. 존재하지만 아버지 구실을 못하는 자들, 무능하고 약한 남자로 형상화된 아버지는 어딘가에 실존하는 부재의 아버지보다 더 형편없다.

아버지, 당신의 공백, 〈혼자 사는 사람들〉

척 했다. 아무렇지 않은 척, 무관심한 척, 그리고 괜찮은 척 했다. 내 마음을 들키는 것이 끔찍해 애써 도망쳐야 했기 때문이다. 그렇게 사람들과 제법 거리를 둔다고 생각했는데 나는 그렇게도 싫었던 선배의 행동을 따라하고 있고, 무심하게 살아왔던 부모의 표정을 닮아가고 있다. 게다가 그저 귀찮고 번거로워 밀어내는 후배의 눈빛은 이렇게 시시한 삶을 살아가고 있는 나를 닮아가고 있다. 고작, 그런, 쓸쓸한 나를…….

늘 혼자가 편하다고 생각하는 진아(공승연)는 사람들과 만나고, 대화하는 것이 불편하다. 오랫동안 연락을 끊었던 아버지는 어머니가 죽은 후 계속 전화를 하고, 교육을 맡은 신입사원 수진(정다은)은 필요 이상으로 친밀하게 굴어 귀찮게 한다. 어느 날, 진아는 출퇴근 길에 복도에서 종종 말을 걸던 옆집 남자(김모범)가 혼자 죽었다는 사실을 알게 된다. 그 사실을 모르는 성훈(서현우)이 옆집으로 이사 온다.

〈혼자 사는 사람들〉 진아와 아버지의 거리를 나타내는 장면이다

진아는 콜센터 상담사이다. 친절한 것 같지만 사실 사람들의 이야기에 관심이 없다. 전화를 걸어오는 무작위의 진상들을 응대하는 일은 일상이다. 상대가 내 감정을 살피지 않듯, 나도 상대의 감정에 무심하다. 〈혼자 사는 사람들〉(홍성은, 2012) 속 주인공 진아는 애써, 마음을 다해 사람들을 밀어낸다. 그래서 얼핏 보면 혼자 사는 것이 제법 익숙하고 편한 것처럼 보인다.

하지만 혼자 있는 동안에는 이어폰으로 귀를 틀어막고, 혼자 점심을 먹을 때는 여지없이 스마트폰으로 동영상을 보고, 혼자 집에 남은 아버지의 행동을 감시 카메라로 관찰한다. 집에 혼자 있을 때는 잠자는 시간에도 TV를 틀어놓고 TV가 잘 나오지 않으면 불안해한다. 소통하고 싶지는 않지만, 세상과 단절되고 싶지는 않아 보인다.

대화하는 것 같지만 사람들과 직접 만나지는 않는 콜센터 전화, 온라인 세상, CCTV는 골 깊은 사람들의 외로움을 간접적으로 보여준다. 홍성은 감독은 다들 이런저런 이유로 혼자 살지만, 또 이런저런 이유로 홀로이고 싶지 않은 사람들의 속내를 무덤덤하지만 온기 있는 눈빛으로 바라보며 물기 있는 목소리로 들려준다.

진아는 상처받기 싫어 스스로를 가둔 것처럼 보인다. 사실 혼자 있고 싶지 않지만, 가족들도 사회에서 만난 사람들도 계속 그녀에게 상처를 줬다. 가족을 방치하고 병에 걸려 되돌아온 아버지에게도, 그런 아버지에게 모든 재산을 남겨두고 간 엄마에게도 화를 내지 못한다. 잘못하지 않은 일에도 우선 사과부터 해야 하는 콜센터 일도 익숙하다.

그런 그녀의 생활을 뒤흔든 건 새로운 사람들이다. 혼자 있기 싫어하는 붙임성 좋은 신입사원 수진과 남자가 죽은 집에 새로 이사 온 성훈은 계속해서 진아에게 말을 붙여, 그녀와 마음을 이어보려 한다. 하지만 냉정한 말로 끝내 사람들에게 상처를 주고 만다. 하지만 진심이 아니었다. 자신이 입주한 집에서 쓸쓸하게 죽어간 남자를 위해 장례를 열어주는 성훈의 마음이 진아에게 닿는다.

〈혼자 사는 사람들〉은 고아는 아니지만, 고아처럼 사는 한 여성의 삶 속으로 들어간다. 영화 속 진아가 카메라로 들여다본 아버지는 자신이 상상했던 것보다 더 무책임하고 이기적이다. 그래서 아버지에 대한 마음을 놓아버리고 혼자 사는 삶을 더 굳게 지키려고 한다.

하지만 사람들을 받아들이는 순간 진아도 달라진다. 진아는 수진에게 마음을 다해 사과하고, 자신을 방치한 아버지에게 사과를 요구하고, 무관심으로 놓쳐버린 관계들을 하나씩 풀어본다. 그렇게 닫혔던 문이 삐죽 열리는 순간, 오래 묵은 마음의 원망을 놓아주고 진짜 혼자 사는 삶, 스스로를 책임지는 삶의 길 위에 설 수 있게 된다.

고여 있다고 생각하지만 버튼 한 번에 휩쓸려 내려가 버리는 변기 물처럼, 사람들은 마음을 비우고 채우고 비우고 채워가면서 살아갈 수밖에 없다. 함께 있다고 외로움이 사라지는 것은 아니지만, 담배 연기처럼 잠시 머물다 가더라도 사람과 사람 사이에, 마음을 나눠야 혼자서도 살아갈 수 있다는 사실을 받아들여야 한다. 우리가 마음을 놓은 곳에서 마음을 나눠야, 비로소 마음이 놓이는 법이라는 사실도…….

쓸쓸해서 쌀쌀한 아버지의 삶,
〈메리 크리스마스 미스터 모〉

평범한 사람에게 찾아온 어둑한 비극은 그리 극적이지 않게, 그냥 보잘 것 없는 모습으로 태연하게 일상의 옆자리에 앉는다. 휘청대는 BGM 없이 삶이라는 롱 테이크 안으로 쑥 들어온 비극은 느리고 더딘, 그 단단한 일상을 뒤흔들 힘이 없다. 심장이 쿵 내려앉았지만 드라마틱한 변화 하나 없이 태연하게 찾아온 밤에는 혼자 뒤척이다 잠들고, 염치없이 또 해가 뜨면 변함없는 일상을 살아야 한다. 그래도 비극이 내려앉은 삶은 어제보다 조금 더 쌉쌀하고 쓸쓸하다.

작은 마을에서 이발소를 운영하는 모금산(기주봉)은 서울로 영화 공부하러 간 아들 스데반(오정환)을 불러 자신이 쓴 시나리오를 내민다. 배우가 되고 싶었던 오랜 꿈을 이루고 싶으니 자신을 주인공으로 영화를 찍어 달라 한다. 아들의 여자 친구 예원(고원희)은 금산이 암 선고를 받은 것을 알게 되고 스데반을 도와 영화를 찍는다. 그리고 초청장을 받은 지인들이 모인 상영회가 크리스마스에 열린다.

임대형 감독의 〈메리 크리스마스 미스터 모〉(2016)는 자신에게 찾아온 비극적인 소식 앞에서 포악하지 않고, 묵묵하게 동행하는 한 중년 남자의 시간을 체감하는 영화다. 세상 무너지는 소식을 들었지만 모금산은 여전히 이발소를 운영하고 마을 사람들과 동네 수영장에서 수영을 하고, 동네 치킨 집에서 벽을 바라보며 술을 마신다. 금산에게 찾아온 나쁜 소식에도 그의 평범한 시간은 멈추지 않는다.

비극을 이야기하지만 드라마틱하지 않은 평범한 일상을 담은 이 흑백영화는 시간이 아주 많이 흘러도 크게 달라지지 않는 시골 이발소의 풍경처럼 정서적으로 과거를 향해있다. 죽음에 가까운 병에 걸렸지만, 영화 속 모금산은 찰리 채플린을 연기하며 삶을 갈망하기보다 삶을 관조한다. 그래서 과거로 열린 금산의 시간이 우리에게 훨씬 더 아련하고 아득한 느낌을 준다.

흑백 영상 속에서 일상, 계획, 여행, 작별, 성탄절이라는 각 5개의 챕터가 모금산의 일상과 아주 특별한 영화 촬영의 시간을 동시에 품는다. 특별할 것 없는 일상을 이야기하는 것 같지만, 그 속에 아주 특별한 개인의 시간이 있다는 사실을 잊지 않는다. 딴 사람들에겐 보잘 것 없어 보이지만 개인에게는 우주보다 더 큰 기억을 러브레터처럼 정성스럽게 써내려간 임대형 감독의 〈윤희에게〉를 보고 위안을 얻은 관객이라면 그의 앞선 겨울 이야기 〈메리 크리스마스 미스터 모〉를 되짚어 봐도 좋겠다.

〈메리 크리스마스 미스터 모〉 모금산은 자신의 흔적을 영화에 남긴다

모금산은 그리워지는 기억과 과거에 묻은 진심을 감당할 자신이 없는 쓸쓸한 아버지의 모습을 보여준다. 그래서 자신이 주인공이 된 영화를 찍게 만들지만 자신이 삶의 주인공이 되려는 것은 아니다. 그는 영화를 찍는 동안 아들과 함께 하는 시간을 화면에 담아 엉성하지만 간절한 영화를 보기 위해 모인 사람들에게 기억이라는 아름다운 추억을 남기고 싶어 하는 것처럼 보인다.

금산의 주위에는 평범하지만 이해할 수 없는 행동을 하는 인물들이 꽤 많이 등장한다. 임대형 감독은 그냥 저 사람도 그럴 수밖에 없었을 거라는 사실을 인정하면서 까슬거리는 마음의 각질을 굳이 벗겨내려 하지 않는다. 깨진 항아리건 주둥이가 좁은 항아리건 사람들은 모두 제 삶의 그릇을 가지고 있고, 깨진 삶도 그저 삶이라는 사실을 긍정한다.

살다 보면 이정표를 따라 잘 걸어왔다고 생각했는데 갑자기 길을 잃어버린 것 같은 순간이 있다. 그러다 잠깐 멈췄을 뿐인데, 대체 어느 길 위에 서 있는지 알 수가 없다. 사람들은 나침반을 내밀며 이제라도 제 길을 찾으라고 한다. 그런데 길을 떠난 시작부터 나침반을 읽을 줄 모르는 길치였던 그는 더 걷지 않기로 한다. 이제부터는 시간을 등지고 내가 걸어온 길을 바라보며 있겠다는 모금산의 이야기가 참 쓸쓸해서 쌀쌀하다.

아버지, 나는 당신의 가족입니다, 〈이장〉

내 가족이 속한 직장 회식에서 내 가족이 혼자 온갖 시중을 드는 것을 지나가다가 우연히 보았다고 상상해 보자. 남들이 모여 웃고 떠드는 시간 내내 내 가족 혼자만 제 끼니도 못 챙기고 고군분투하고 있다고 생각해 보자. 하지만 지난 명절, 당신의 엄마, 당신의 아내, 당신의 여동생, 그리고 당신의 며느리가 가족 모임의 어디쯤에 있었는지, 그리고 그 모임에서 어떤 일을 하고, 어떤 모습이었는지 곰곰 생각해 보자.

영화 〈이장〉(정승오, 2020)은 여전히 유령처럼 떠도는 가부장제의 이야기를 현재로 불러온다. 육아 휴직 후 퇴사를 해야 하는 첫째 혜영, 그리고 아들 동민과 둘째 금옥, 셋째 금희, 넷째 혜연은 아버지 무덤의 이장 문제 때문에 큰아버지가 있는 시골로 향한다. 배를 타고 겨우 큰아버지 댁에 도착했지만, 장남이 오지 않았기 때문에 이장을 할 수 없다며 장남을 데려오라고 큰아버지는 자매들을 내쫓는다.

자매들은 아예 잠적해버려 주소도 모르는 장남 승낙을 찾아 나선다. 서로 모른 척 살아가지만 다섯 남매는 하나 같이 사는 일이 버겁다. 사별 후 홀로 아들을 키워야 하는 혜영은 육아 휴직을 신청했다가 퇴사 권고를 당하고, 금옥의 남편은 바람을 피우고 있다.

셋째는 결혼을 앞두고 있지만 결혼 자금이 부족해 힘들고, 성평등 운동을 하는 혜연은 남성 중심의 사회에 맞서기가 버겁다. 게다가 책임감 없어 보이는 막내아들의 여자 친구는 원하지 않는 아이를 가졌고, 돈이 필요하다고 말한다.

정승오 감독의 〈이장〉은 아직 저런 일이 있냐고 되묻는 영화가 아니라, 아직도 우리가 저런 세상 속에 살고 있구나, 새삼 깨치게 하는 영화다. 세상이 참 많이 달라졌다고들 하지만 막상 가장 가까운 곳을 되돌아보면 내 가장 가까운 사람들은 이전과 별로 달라지지 않은 삶을 살고 있다. 여전히 가족 모임에서 장남 혹은 장손을 먼저 챙기고, 제사 음식은 여성이 차리고, 제사상에 절은 남성들만 하는 유교의 습성들이 남아 있다.

정승오 감독은 이제는 모른척하지 말고, 남성과 여성이 함께 이 세상을 변화시켜야 한다고 말한다. 그래서 가부장제에 젖어있는 이들의 아버지와 큰아버지, 철없는 막내아들을 꾸짖거나 비난하지 않는다. 결국 투덕대며 맘에 생채기를 냈지만, 비 오는 늦은 밤, 나란히 앉아있는 것만으로도 가족은 서로에게 위안이 되는 존재라는 사실을 보여준다.

〈이장〉. 비오는 밤. 나란히 앉은 가족은 오랜 갈등을 두런두런 풀어낸다

사실 비틀어진 세상은 굴곡 된 시선을 고쳐가는 사람들 덕분에 조금씩 평평해지고 있다. 그리고 평평해진 거울은 세상을 올바르게 비추게 된다. 〈이장〉은 우리 누이의 삶에 가장 가까운 여성들을 중심에 두고 현재형의 차별과 편견에 대해서 이야기해 보자고 말을 거는 영화다.

어쩌면 가족이라는 울타리 속에서 차별받는 여성들이 사실은 내가 가장 아껴야 할 나의 가족이라 생각하면 변화의 시작도 쉬워질 것이다.

소란에 가까운 하룻밤을 지내고 겨우 이장을 위한 제사 자리에서 장남은 사고로 다쳐 병원에 실려 간다. 결국 장녀 혜영이 아버지의 제사를 지내는데, 이 장면은 무척 상징적이다. 〈이장〉은 사실 오랜 시간 표현하는 법도, 달라져야 한다는 것을 깨치지 못한 남성들도 유교 시대를 지나온 가여운 사람이라는 것을 놓치지 않는다. 입을 달은 옹고집처럼 보이지만 이른 새벽 큰아버지는 자고 있는 가족들이 추울까 봐 혼자 조용히 군불을 때는 따뜻한 사람이다.

돌아가신 아버지의 휴대폰 속에는 딸들에게 보내려다 보내지 못한 문자 메시지가 있다. 마당에 꽃이 피었다며 항상 자랑스럽고 잘해줘 고맙다고 쓴 글 끝에 동백꽃 사진이 담겨 있다. 〈이장〉은 몇 가지 장치로 죽은 아버지를 가족들의 곁에 둔다. 아버지가 남긴 메시지에 찍힌 동백꽃 사진은 폐가에서 혜영의 아들 동민이 발견해 안고 잠들었던 그 동백꽃과 겹친다. 아주 눈썰미가 좋은 관객들은 눈치 챘겠지만, 가족들이 머물던 자리인 휴게소, 매표소, 화장터에는 같은 할아버지가 등장한다. 다섯 남매의 아버지 유령 같다.

가부장제의 유령과 작별하기

많은 영화 속에서 아버지는 권위주의와 무능력함이 공존하는 최악의 모습으로 그려진다. 아버지는 늘 처치 곤란인 총체적인 문제다. 영화 〈천하장사 마돈나〉(이해영·이해준, 2006)는 끝내 아버지에게 한 방을 날리는 장면을 만화처럼 희화화해서 만들어낸다. 그렇게 아버지를 버리고서야 해결되는 주인공의 삶은 그 상징성 때문에 더 쓸쓸함을 만들어낸다. 그럼에도 연민을 넘어 삶의 긍정과 인간에 대한 성찰의 힘을 가져가길 바라는 건, 우리네 아버지가 영화 속에서나마

제 몫을 했으면 하는 대안적 믿음에 다름 아니다.

〈그렇게 아버지가 된다〉 속 진짜 아버지의 표정을 알게 된 료타의 얼굴이다

사실 우리의 아버지들이 변하기 위해서는 아주 많은 시간이 필요할 것 같다. 〈스타워즈〉의 다스 베이더처럼 가면을 쓰고 살아온 시간이 너무 오래 되어, 진짜 아버지의 얼굴이 어떤 건지 본인도 알아채지 못한 것은 아닐까?

다행인 것은 사회의 변화와 함께 아버지를 바라보는 시선이 달라지고 있다는 점이다. 진부할 정도로 집착해 온 거친 남성성의 퇴보와 함께, 어떻게든 처자식을 지켜야 하기 위한 압박에 시달리는 사람으로서의 아버지를 보기 시작한 것이다.

그런 변화 속에서 아버지들은 지금, 여기, 이 시간에 내가 왜 당신을 아버지라 불러야 하는지에 대한 자식들의 질문에 답을 해야 하는 현실을 마주한다. 여전히 아버지를 정리하거나 대체하거나 혹은 대표할 수 있는 대안은 없지만, 아버지라는 묵직한 이름은 마음을 움

직이는 힘이 있다.

〈그렇게 아버지가 된다〉(고레에다 히로카즈, 2013)처럼 이제 부모의 역할이 무엇보다 중요하다고 강조하는 이 시대에, 아버지는 있었지만 고아나 다름없이 살았던 젊은 아버지들이 '아이의 잘못이 내 탓'이라는 무거운 죄의식에서 벗어나도 된다고 말하는 영화도 있다. 덜 자란 아버지를 채근하거나 비난하지 않고, 근원적 죄의식에서 벗어나도 된다고, 지금부터 달라지면 된다고 말하는 이런 이야기는 왠지 토닥토닥 등을 쓸어주는 것 같은 위안을 준다.

우리의 삶 속에서 아버지는 늘 그랬듯 우리 삶의 언저리에서 맴돌면서 자신의 삶을 가족을 위해 소비하고 있다. 너무나 보잘것없어 주인공이 될 수 없는 우리 아버지들의 삶은, 바로 우리 자신의 삶과 크게 다르지 않다. 영화 〈이장〉에서는 마침내 금기처럼 여겨 한 번도 받아 본 적 없었던 큰딸이 제사를 올리는 장면이 나온다. 그런 변화 속에서 잘못된 건 알았지만 잘못을 고쳐본 적이 없었던 아버지들도 조금은 달라질 수 있지 않을까. 그리고 아버지도 맘 편히, 그렇게 가부장제의 유령과 작별하고 홀가분하게 떠날 수 있게 되지 않았을까?

3장
이민가족 - 외할머니의 이름으로
: <미나리>와 <파친코> 그리고 <엄마 UMMA>

김 경

이민 가족 : '코로나19'부터 '외할머니'까지

코로나19로 세상의 패러다임은 크게 요동치고 있다. 영화계 타격도 예외가 아니지만 정체되고 흔들리는 패러다임이라는 위기를 기회로 삼아 한국계 미국 작가와 감독들이 약진하고 있다. 그들은 자신들의 정체성을 찾아가는 여정에서 가족이민, 가족, 모국인 한국을 만날 수밖에 없다. 한국계 영화와 드라마의 물결 중에서도 이민 가족의 중심 줄을 잡은 '외할머니'들이 눈에 띈다. 개봉된 순서로 나열해 보면 〈미나리〉(정이삭, 2020)와 〈파친코 Pachinko〉(코고나다, 저스틴 전, 2022) 그리고 〈엄마 〉(아이리스 심, 2022) 순이지만 사실 제작이나 개봉 순서는 큰 의미가 없다. 모두 2019년 코로나19가 세계를 강타한 시기부터 2022년 현재까지 세계영화계가 최악의 시기를 맞이한 열악한 상황에서 만들어지고 개봉된 영화나 드라마라는 기류가 더 중요한 지점이기 때문이다. 그 기간 세계는 소위 나노 사회(Nano Society)로 본격 진입했다. 사회적 거리두기라는 새로운 공중도덕, 살균과 무균을 담보하기 위한 개인주의가 공적 지원을 받았다. 디스토피아를 그린 공상과학영화에서나 나옴 직한 낯선 현실이다. 사회적 거리두기가 엄격해질수록 상대적으로 가족 간 간격은 조밀해졌고, 이에 따라 가족의 결속이나 해체에도 속도가 붙었다. 이는 세계가 맞닥뜨린 현실이지만 특별히 이민 가족에게는 더 가중된 현실이 된다. 타국에서 생존해야 하는 가족은 또 하나의 자치공동체인 '섬'이기 때문이다. 이민 가족이라는 섬에서는 아버지가 아니라 '외할머니'가 가족 서사의 중재자이며 마고 할미이고 여신이 되기에 십상이다. '외할머니'는 역사이고 은유이다. 이제 '외할머니'는 '아버지의 이름'을 치환한다. 엄마와 꼭 닮은 친숙한 외할머니는 손자들을 돌봐주고, 손자들은 외할머니의 한국어를 통해 한국을 배운다. 2021년 뉴베리 수상자인 한국계 작가가 한국의 전래동화를 이용해서 쓴 소설 〈호랑이를 덫에 가두면〉(태 캘러)도 그런 외할머니의 가르침을 배운 손자들의 결실 중 하나이다. 엄마와 외할머니는 모계사회와 지혜의 원형이다. 세계의 여신들과 노파들과 마녀들 그리고 한국의 마고 할미는 현대의 서사에서 여전히 반복적으로 재현되어왔다. 미야자키 하야오 감독 영화들에 등장하는 할머니들, 예컨대 〈천공의 성 라퓨타〉(1986)의 도라와 시타의 할머니, 〈센과 치히로의 행방불명〉(2001)의 제니바, 〈이웃집 토토로〉(1988)에 나오는 켄타의 할머니, 〈마녀배달부 키키〉(1989)의 빵 만드는 할머니, 〈모노노케 히메〉(1997)의 무녀 등이 그러하고, 〈아스달 연대기〉(김원석, 2019)의 와한족 씨족 어머니, 탄야의 이모도 드라마 전체 서사를 꿰뚫고 있는 지혜를 전수하는 제사장이자 무녀인 할머니다. 이렇게 서사의 중심에서 조용한 존재감을 보이는 할머니들은 특히 이민 가족에게서 그 비중이 도드라진다. 그렇다면 이민 가족에게 '외할머니'의 의미는 무엇일까.

외할머니가 전하는 한국 정체성, 〈미나리〉

정이삭은 한국계 미국인 영화감독, 영화 각본가이다. 그는 콜로라도주 덴버의 한국 출신 이민자 가정에서 태어났다.

외할머니 '순자'(윤여정) 역시 정 감독의 외할머니(이명순)가 모델이다. 이명순 여사는 6 · 25전쟁 때 남편을 여의고 외동딸을 홀로 키웠다. 딸을 돕기 위해 미국으로 건너가는 설정도 같다. 한국 사회에 뿌리내리고 있는 강한 어머니는 딸에게로-마치 미토콘드리아 DNA 가 여성에서 여성으로만 이어지는 것처럼-이어지는데 딸 모니카(한예리)는 아직 지혜가 덜 여물어 뻣뻣한 질감이지만 강한 생명력은 자신의 어머니나 미나리를 빼닮았다. 제이콥(스티브 연)이 혼신을 다해 일구어 놓은 농장이 모두 불에 타버린 것은 미나리라는 외할머니 식 지혜가 뿌리내리기 위한 정화 작업처럼 보인다.

〈미나리〉 한국 이민 가족 정체성을 상징하는 계곡 옆 미나리밭

예컨대 외할머니 순자는 물이 흐르는 계곡 옆에 무심히 미나리 씨앗을 뿌려 놓는다. 이는 제이콥이 고군분투하는 관개 작업과 병치 된다. 제이콥은 근육의 힘과 유창한 영어를 무기로 최선을 다하지만, 번번이 벽에 부딪히고 만다. 반면에 할머니의 미나리는 관개를 통해

힘겹게 농사지은 결실이 모두 소실된 후에도 그들을 먹여 살릴 물질적 토대를 만들어준다. 또한 비록 그녀가 치매와 노화로 신체적 어려움을 겪고 있다 하더라도 할머니의 미나리는 그 딸과 자식들을 통해 학습되고 전해질 것이라는 희망에 대한 은유이며 이는 이민 가족, 이민 사회의 생존 자체에 대한 은유이다. 이제 미나리는 어느덧 한국인 정체성의 일부분이 된다. 그 씨앗이 어디에 뿌리를 내려도 강인한 생명력으로 살아남을 것이다.

〈파친코〉 또 윤여정 외할머니, 순자와 선자

이번에는 은유가 아니라 역사다. 〈파친코〉는 강인한 생명력으로 이민 가족 4대를 이끄는 외할머니, 선자를 통해 보여주는 역사 드라마다. 동명의 소설 원작은 6세에 미국으로 가족 이민 갔던 이민진 작

〈파친코〉 외할머니 선자의 역사이다

가의 베스트셀러 소설이고, 애플 TV를 통해 만들어진 드라마 연출자와 주요 스텝들도 한국계 미국인들이 주축을 이룬다. 그들이 뿌리를 찾아 정체성에 관해 공부하고 표현하는 과정에서 상업적으로 만난 지점이 〈파친코〉였을 것이다.

〈파친코〉는 살아남는 것이 가장 중요했던 선자의 어머니 양진(정인지)부터 어린 선자(전유나), 젊은 시절의 선자(김민하), 노년의 선자(윤여정)를 통해 외할머니 선자의 역사를 보여준다.

선자를 불행의 나락에 빠뜨리는 한 수(이민호)와 남편 이삭(노상현), 손자 솔로몬(진 하) 등이 1910년부터 1989년까지의 부산, 뉴욕, 오사카를 넘나들며 극을 전개한다.

〈미나리〉에서 외할머니 이름은 '순자'인데 〈파친코〉에서는 '선자'다. '순자'와 '선자'라는 전형적인 당대의 여성 이름에는 이미 일제강점기의 흔적이 묻어있다. '자'는 강압적인 일본식 성명 강요 때문에 만들어진 일본식 이름이기 때문이다. 이름만 겹치는 것이 아니라 이를 연기한 배우 윤여정도 겹친다. 우연한 캐스팅이었다고는 하지만 미나리의 정이삭 감독은 "가족에게 심오한 삶의 변화를 가져다줄 캐릭터의 미묘함을 표현할 수 있는 강한 배우가 필요하다고 생각했"고 "영화사에 대해 가르치면서 윤여정의 영화를 상영한 적도 있어 영광스럽게 생각한다"고 인터뷰[1]를 통해 밝힌다. 이를 보면, 아마도 〈화녀〉(김기영, 1971)를 통해 보여준 윤여정 배우의 영화 속 명자 이미

---

1   노규민, "'미나리' 첫눈에 반해버린 '팀 미나리', 캐스팅 비화 공개", 2021.02.15, tenasis.hankyung.com.

지와 이후의 굴곡진 인생이 캐스팅에 반영됐을 것 같다. 윤여정 역시 실제로 이민 가족이었고, 두 아이를 홀로 키우며 고단한 이민 생활을 했으니 이 배역에 필요한 아우라를 겸비하게 됐다. 윤여정은 명자부터 순자와 선자를 거치면서 진정성을 담보하는 '외할머니' 아이콘이 되었다. 그녀의 인생 서사와 영화 속 외할머니 서사들은 중첩되고 상승하여 그 자체로 이미 강력한 '외할머니'가 되는 것이다.

〈엄마〉(UMMA), 섬뜩한 '실재계' 외할머니

영화 〈엄마〉의 감독 심경미는 다큐멘터리 영화 〈더 하우스 오브 서〉(The House of Suh)(2010)에서 이민 가족 서씨 일가의 참혹한 아메리칸드림을 다룬 바 있다. 그녀는 다큐멘터리에서도 '가족'을 다루었고, 장편 극영화 데뷔작인 〈엄마〉에서도 '가족'을 다룬다. 각각 장르는 다르지만 '이민 가족'이라는 주제에 집중하고 있는 듯하다.

이민 가족에 대한 특별한 관심은 심 감독의 인터뷰[2]에서 엿볼 수 있다. 그녀는 영화 〈엄마〉 관련 인터뷰를 통해 "이민 1세들의 힘겨웠던 삶을 담고 싶었다"고 하며 "속으로는 담고 있지만, 겉으로는 문제를 숨기려 하는 한인 이민자 가정 특유의 불편한 현실을 '호러'라는 장르를 통해 풀어내려 했다"고 설명했다.

〈엄마〉에서는 3대에 걸친 여성을 보여준다. 즉 이민 1세대의 고

---

2 원용석, "'5년 전이라면 개봉 불가능했던 소재'…영화 '엄마' 시사회 성황", 「미주중앙일보」, 2022.03.16.

단한 삶과 '한', 자식에 대한 집착을 딸 아만다에게 물려준 외할머니 (이미화), 그로 인한 증상으로 망상과 강박증에 시달리는 아만다(샌드라 오) 그리고 세상과 동떨어져 엄마와 단둘이 사는 크리스(피벨 스튜어트)가 그들이다. 외할머니는 현실 속에서는 유골과 영정사진으로 돌아오지만 딸 아만다의 망상 속에서는 끊임없이 부활하는 섬뜩한 유령으로 재현된다. 라캉의 표현을 빌자면 상징계에 편입되지 못한 실재계의 흔적처럼 두렵고 섬뜩한 모습의 외할머니로 귀환 한 것이다. 실재의 회귀는 환각을 일으킨다. 섬뜩한 홈집의 장면화는 엽기적으로 웽웽거리며 유리창을 덮는 벌들이나 외할머니 고무신에 압살되는 병아리, 구미호의 모습 등 아만다의 환각으로 표현된다. "실재는 현실보다 더 생생하면서 주체에게 견딜 수 없는 불안을 야기한다. 그래서 라캉은 실재를 '전형적인 불안의 대상'이라고 정의한다."[3] 마치 악몽처럼. 끊임없이 부활하는 유령/망상 실재계 외할머니는 점차 아만다와 겹친다. 영화 〈사이코〉(앨프리드 히치콕, 1960)에서 유골만 남아있는 엄마의 인격과 주인공의 인격이 교차하는 다중인격이 스릴러를 만드는 기저 요인이라면, 〈엄마〉는 엄마와 분리되고 싶지만 분리되지 못하고 끊임없이 엄마를 소환하는 무의식과 강박 신경증 다중성이 공포의 기저가 된다.

엄마의 유골이 들어있는 트렁크를 열지 못하던 아만다가 엄마(유골)와 대면한 후부터 영화는 새로운 국면으로 들어선다. 이제 아만다가 마주한 것은 타자인 유령이 아니라 자신의 어두운 내면에서 발생

---

3 임진수, 『상징계-실재계-상상계』(파워북, 2012) p.203.

〈엄마〉 포스터

하는 망상이고 공포다. 진실을 직시하고 인정하면 이미 치유가 시작된다. 영화를 통해 아만다는 증상으로 말하기 시작했다. 아만다는 망상으로 자신 속의 '엄마'를 드러낸 것이다. 증상에 억압된 무의식의 진실을 말로 표현하고 나면 증상은 사라진다. 아만다는 자기 속에 있는 '엄마'를 '인정'하게 된다. '인정'을 통해 벌써 치유는 시작되었다. 그리고 한 가지 더, 지극히 한국적인 치유의 과정을 '제사'라는 제의로 보여준다. 이 영화에서 제사는 이민 가족이 겪는 정체성의 혼란, 가족, 특히 모녀간의 지나친 '결속'이 밀어낸 실재계를 인정하고 다시 받아들이는 제의이다. 이민 1세대 엄마의 '한'을 인정하고 그들이 내 안에 있음을 받아들이는 치유과정이다. 비로소 외할머니는 '내 안의 섬뜩한 실재계'로써 상징계 밖으로 추방되는 것이 아니라 내 안의 '엄마'로 '인정'된다.

외할머니의 이름으로

포스트모더니즘 이론과 21세기의 비전은 다양성, 여성성, 소외당한 자, 제3세계 등등 그동안 역사적으로 주목받지 못하고 억압돼 왔던 모든 곳을 향해있다. 인문학이나 예술 분야에서도 다양한 페미니즘이 논의되어왔고 성적 불평등의 역사와 구조적 모순을 드러내는

작업이 진행되어왔다. 이미 2차 대전 이후 이러한 움직임은 계속되어
왔지만 21세기 들어서서 속도가 붙었고 코로나19라는 전대미문의
사건 이후 인류의 풍경은 빠른 속도로 바뀌고 있다. 신화에나 남아
있던 억압의 역사와 흔적은 첨단과학의 발달로 조금씩 진실을 드러
낼 기회를 얻게 된다. 예컨대 90년대 초반, 빙하 속에서 발견한 여성
의 유전자를 분석한 계기로 쓰기 시작했다는 『The Seven Daughters
of Eve』[4]를 보면 인류는 7개의 주요 미토콘드리아 DNA(mtDNA) 혈
통이 있고 이는 모계를 통해서만 유전된다는 것을 검증했다는 내용
이다. 그 원형 어머니는 오랫동안 빙하 속에서 잠들어 있었지만, 신화
와 전래동화와 영화와 서사들 속에서 지혜의 단편으로, 상징계에서
쫓겨난 실재계로, 혹은 숨은 그림으로 전해져 왔다. 그런데 이민 가
족에게서 그 원형 찾기는 비교적 수월해 보인다. 작은 섬처럼 떠 있
는 이민 가족은 일단 새로운 터전에서 생존해야 하고 뿌리내려야 하
고 후손이 그 생존방식을 대물림해야 하니 거대 담론이 아니라 소소
한 생활형 지혜를 통해 살아남는다. 한국이 해외로 이주하기 시작한
지 이제 100여 년이 넘으니 그 섬에서 인류학적인 가치가 검증될 정
도가 되었고, 그 뿌리에 모계의 강인한 힘이 있었다는 것이 여러 서
사를 통해 드러나기 시작했다. 이민 가족은 이주한 나라의 거대 담론
에서 비켜서 있으니 상징계의 구속에서 조금 떨어져 있는 데다가 포
스트 코로나로 인해 가족 간 결속이 삶의 중요한 부분으로 부각되고
있으니 이래저래 외할머니는 더 막강해질 듯하다.

4 Bryan Sykes, The Seven Daughters of Eve. W.W.Norton & Company,
   2001

4장
<가을 소나타>,
엄마에게 보내는 편지

김경욱

유럽영화사에서 대표적인 작가 감독으로 손꼽히는 스웨덴의 잉마르 베리만은 가족 사이의 신경증적 갈등과 불화를 촘촘하게 그린 몇몇 작품을 남겼다. 그 가운데 〈가을 소나타〉(1978)는 성공한 피아니스트인 엄마와 평범한 딸 사이에서 빚어진 문제를 인상 깊게 다루었다.

영화는 에바(리브 울만)가 엄마 샬롯(잉그리드 버그만)을 집으로 초대하는 편지에서 시작한다. 샬롯의 두 번째 남편인 레오나르도가 사망했다는 소식을 접하고 엄마에게 위로가 필요할 것으로 생각했기 때문이다. 초대를 받아들인 샬롯이 에바가 사는 외딴 시골 마을에 차를 끌고 나타나면서, 모녀는 7년 만에 상봉하게 된다. 그러나 반갑게 인사를 나누자마자 곧 그들 사이의 해묵은 갈등이 불거지기 시작한다.

영화의 절반 지점, 이성의 힘이 약해지는 한밤중에 샬롯은 악몽 때문에 잠에서 깨어 거실로 내려오고, 포도주를 마시며 취해가고 있던 에바와 마주하게 된다. 에바가 평생 마음에 담아왔던 엄마에 대한 분노를 분출하면서, 모녀는 장장 37분 동안 격돌을 벌인다. 여기서 잉마르 베리만의 연인이자 뮤즈 리브 울만과 스웨덴 출신의 최고 스타이자 앨프리드 히치콕의 뮤즈 잉그리드 버그만의 불꽃 튀는 연기 대결이 숨 막히게 펼쳐진다. 베리만의 연출은 물론이고, 두 배우의 연기를 보는 것만으로도 이 영화를 감상할 가치는 충분하다.

엄마, 샬롯

샬롯은 유명 피아니스트로서 여전히 활발하게 연주 활동을 하고 있다. 샬롯은 7년 만에 만난 딸의 근황을 궁금해하기보다는 자신이 레오나르도의 죽음을 지켜보면서 너무 힘들었다는 얘기를 잔뜩 늘어놓음으로써, 이기적인 엄마의 면모를 드러낸다. 에바는 샬롯이 아침에 무엇을 먹는지 등 시시콜콜하게 다 알고 있지만, 샬롯은 에바가 무엇을 좋아하는지 거의 알지 못한다. 또 레오나르도가 남긴 막대한 유산을 점검하던 샬롯은 딸과 사위를 위해 새 차를 사주겠다고 생각하지만, 곧 자신의 차를 그들에게 주고 자신이 새 차를 사기로 마음을 바꾼다. 여러모로 그렇게 하는 편이 자신에게 이득이기 때문이다.

에바의 비난에 따르면, 샬롯은 원래 예전부터 지독하게 이기적인 나르시시스트였다. 성공적인 피아니스트의 경력을 위해 일 중독 증상을 보이며 가족을 버리다시피 했고, 아픈 둘째 딸 헬레나는 요양원에 보내버렸다. 바람을 피우기도 했다. 가족을 다정하게 대할 때도 마음은 딴 데 있었다. 샬롯이 가정에 충실해 보려고 결심했던 시기가 있기는 했다. 그때 그녀는 가족을 잘 돌보지 못했다는 죄책감과 피아니스트로 활동하지 못하는 스트레스와 분노를 14살 에바에게 모조리 쏟아냈다. 에바의 등이 휘었다며 체조를 시켰고, 긴 머리가 거추장스럽다며 짧게 잘랐고, 이가 삐뚤다며 교정을 하도록 했다. 에바가 "아들로 태어났어야 했다"고 한탄하기도 했다. 에바는 엄마가 화를 낼까 싶어 온갖 금지와 강요를 묵묵히 견뎌야 했는데, 악몽을 꾸거나 자신을 자해하며 분노를 삼켰다. 에바가 18살에 스테판을 만나 임신하게 되었을 때, 샬롯은 도움을 주겠다면서 낙태를 강요했다.

예상하지 못한 에바의 분노 앞에서 샬롯은 멘붕 상태에 빠진다.

그녀는 예전에도 흔히 난처한 상황일 때 사용하던 일종의 방어기제, "등이 아프다"고 호소하거나, "자신도 힘들었다"고 변명한다. 그런데 샬롯의 변명 가운데 문제의 원인을 알 수 있는 대목이 있다. 샬롯의 부모는 자식에게 폭력을 행사하거나 하지는 않았지만, 사랑도 주지 않았다. 샬롯은 자라는 동안 타인을 사랑하는 법을 배우지 못했고 인간의 기본 감정을 누릴 수 있는 기초를 알지 못한 채, 음악을 통해 사랑뿐만 아니라 그 밖의 모든 감정을 표출해야만 했다. 엄마가 된 샬롯은 자식을 어떻게 사랑해야 하는지 알지 못해 무력감을 느꼈고, 오히려 부모에게 받지 못한 사랑을 딸에게서 받으려고 했다. 나이를 먹고 어른이 되었으나 한편으로는 부모의 사랑을 갈구하는 어린 샬롯, 자라지 못하고 동결된 샬롯의 '내면 아이'가 딸 에바에게 돌봐주고, 안아주고, 위로해주길 바랐던 것이다. 이렇게 부모와 자식 역할이 바뀌는 경우가 현실에서도 아주 드물지는 않다.

샬롯의 부인과 변명에도 불구하고, 에바는 "엄마는 현실도피자이며, 마음도 불구"라면서, "엄마 같은 사람은 위험하니 격리되어야 한다"고 끝내 무시무시한 저주를 퍼붓는다. 에바가 그토록 오랫동안 자신을 증오해왔다는 사실을 확인한 샬롯은 충격 속에서 도망치듯 떠나가 버린다.

첫째 딸, 에바

그렇다면 에바는 아무 문제가 없는 것일까? 이 영화를 처음 보았을 때는 샬롯의 문제가 훨씬 크게 보였는데, 한참 후 다시 보았을 때는 에바의 문제도 만만치 않게 다가온다. 겉보기에는 에바가 괜찮은 것 같다. 그녀는 그럭저럭 아내 역할을 해내고 있으며, 헬레나를 요양원에서 데려와 돌보고 있고, 남편을 잃고 힘들어할 엄마를 위로하려고 한다.

그러나 집에 도착한 샬롯이 자기 이야기만 늘어놓자 아마도 기분 상한 에바는 헬레나와 같이 살고 있다는 사실을 알림으로써, 샬롯을 매우 당황하게 만든다. 아픈 자식을 돌보지 않았다는 샬롯의 죄책감을 환기하는 일이기 때문이다. 헬레나가 있다는 것을 알았다면, 아마도 샬롯은 에바의 초대에 응하지 않았을 것이다. 한밤중의 격돌 전까지, 에바는 이러한 소극적인 방식으로 엄마에 대한 분노를 계속 표출한다.

〈가을 소나타〉 에바와 샬롯은 보색관계인 초록색과 붉은색 옷을 입고있다

모녀가 해후한 날의 저녁 식사 시간, 샬롯은 새빨간 드레스를 입고 활기찬 모습으로 나타난다. 샬롯이 외로운 미망인으로 보이게 할

의상을 입을 걸로 예상했던 에바는 살짝 실망한다. 이때 에바는 붉은색의 보색인 초록색 옷을 입고 있다. 샬롯과 에바의 내면적인 갈등이 옷 색깔의 대비를 통해 외부로 표출된 셈이다. 이처럼 이 영화에는 샬롯과 에바의 옷 색깔이 여러 장면에서 의미 있게 연출된다. 예를 들면, 영화의 첫 장면에서 에바가 엄마에게 편지를 쓸 때 붉은색 드레스를 입고 있다. 샬롯이 남편을 잃은 미망인으로 보이고 싶지 않아 붉은색 드레스를 선택한 것처럼, 샬롯 또한 아이를 잃은 엄마처럼 보이고 싶지 않아 붉은색 드레스를 입은 것 같다.

식사를 마친 샬롯은 에바에게 피아노를 쳐 보라고 권유한다. 망설이던 에바는 해석이 쉽지 않은 쇼팽의 피아노 전주곡 2번을 친다. 딸의 연주를 듣는 샬롯은 실망감을 애써 감추려는 듯 아주 미묘한 표정을 짓는다(이 영화의 몇몇 장면에서 잉그리드 버그만은 뭐라 형언하기 어려운 표정을 보이는데, 베리만이 어떤 연기를 주문했는지 궁금할 정도이다). 그럼에도 샬롯이 "감동했다"고 마음에 없는 말을 하자, 에바는 솔직하게 평가해달라며 떼를 쓴다. 그러자 샬롯은 쇼팽의 피아노 전주곡 2번에 대한 해석을 들려주며 직접 연주를 한다. 이때, 엄마의 직설적인 평가에 의기소침해진 에바는 (애정을) 갈구하듯 계속 엄마를 쳐다보지만, 어느새 연주에 심취한 샬롯은 딸의 존재를 잊은 것처럼 보인다. 이 장면에서 모녀는 가족이나 연인이 아니면 불가능한 아주 가까운 거리에 있으면서도, 마음의 거리는 생판 모르는 남보다 훨씬 더 멀다. 샬롯은 까다로운 쇼팽의 곡은 그렇게 잘 해석하고 감정 이입을 할 줄 알면서도, 바로 옆에 있는 딸의 감정과 고통은 전혀 알아채지 못한다. 그런데 여기서 에바는 왜 "감동했다"는 엄마의 말이 빈말이라 해도 그냥 받아들이고 지나가지 않는/못하는 것일까? 그녀는 엄마가 어떤 사람인지 뻔히 알면서도 인정욕구를 포기하지 못함으로써, 피학증 환자처럼 자발적으로 또다시 상처를 입는다.

〈가을 소나타〉 에바는 샬롯을 계속 쳐다보지만, 샬롯은 눈길 한번 주지 않는다

샬롯과 에바의 관계를 정확하게 묘사한 이 장면은 에바의 회상 장면과 연결된다. 어린 시절, 에바는 집에서 엄마가 피아노 연습을 하다 잠시 쉴 때 차를 따라 드린 다음 조용히 무릎을 꿇고 앉아 차를 마시는 엄마를 바라본다. 그러나 차를 다 마신 엄마는 딸에게 눈길조차 주지 않은 채 신문을 읽는다. 그래도 에바가 꼼짝하지 않고 바라보고 있자, 엄마는 혼자 있고 싶다면서, "날씨도 좋은데 나가 놀아라"라고 말한다. 에바는 조용히 일어나 문을 닫고 그 자리에서 물러난다.

이렇게 에바는 뛰어난 재능과 외모를 소유한 엄마를 경외하면서 사랑을 갈구했으나, 매번 좌절을 겪어야만 했다. 그녀는 엄마가 집을 비울 때마다 아버지를 위로하며 아내 역할을 하면서 동병상련을 나누었다. 자신이 재능도 없고 못생겨서 사랑받지 못할 거라는 불안감과 열등감, 무력감 속에서 깊은 자기 비하와 자괴감에 빠져들었다. 엄마의 사랑을 받지 못해 감정적으로 동결된 상태에서 어른이 되었으므로 자신의 삶을 잘 꾸려나가지 못한다. 에바의 상처받은 '내면 아이'가 그녀를 계속 피해자이자 희생자의 자리에 머무르게 만들기 때문이다.

〈가을 소나타〉 어린 에바는 엄마의 사랑을 끊임없이 갈구한다

에바는 엄마의 강요로 낙태를 했다고 주장하지만, 진짜 그렇게 할 수밖에는 없었던 것일까? 아마도 무의식적으로 엄마의 마음에 들 수 없는 부적격자를 연인으로 선택한 다음, 엄마가 낙태를 강요하도록 만들었을 수도 있다. 그러면 엄마는 더욱 사악한 가해자가 되고 자신은 더욱 가련한 피해자가 됨으로써, 엄마에 대한 원망과 분노를 정당화할 수 있게 된다.

에바는 빅토르를 사랑하지 않았지만, 아버지를 떠올리게 하는 나이 많은 남자이기에 청혼을 받아들였다. 그렇게 에바는 상징적으로 샬롯의 자리에 자신을 위치시킨 다음, 바람직한 아내와 엄마의 역할을 수행하면서, 샬롯보다 도덕적으로 더 나은 인간임을 증명하고 열등감과 패배감을 만회하려고 했다. 그러나 불행하게도 네 살 된 어린 아들 에릭을 익사로 잃고 말았다.

에바는 아이의 방을 살아있을 때처럼 보존해놓고 아이가 가까운 곳에 살아있다고 생각한다. 그녀는 샬롯에게 "그렇게 슬프지 않다"면서, "조금만 집중하면 아이가 느껴진다. 다른 차원에서 살지만 서로 볼 수 있다. 둘 사이는 어떤 장애도 없다"고 말한다. 그런 다음, 자신의 생각을 합리화하려는 듯 '인간의 한계를 넘어선 세계의 존재'에 대해 덧붙인다. 그녀는 아이의 죽음에 대한 자신의 생각과 태도를 샬롯에게 알림으로써, 자신의 과도한 모성애를 과시하고 샬롯의 부족한 모성애를 환기하려 한다. 이러한 시도는 샬롯의 죄책감을 자극하는 것으로, 소극적인 공격성의 발현이라고 할 수 있다.

그러나 이 장면에서 샬롯은 딸의 말에 동조하기는커녕 냉담한 표정으로 시선을 다른 곳으로 돌린 채 무시의 태도를 보인다. 샬롯은 (자식으로 추정되는) 누군가가 자신의 얼굴을 쓰다듬는 것 같은 느낌에 비명을 지르며 잠에서 깨어나지만, 에바는 잠들기 직전 죽은 아이의 숨결과 손길을 느낀다며 행복한 표정을 짓는다. 그러므로 샬롯은 이 장면에서 딸에게 낯설고 섬뜩한 감정까지 느끼게 된다.

에바의 남편 빅토르에 따르면, 자신이 청혼했을 때 에바는 "아무도 사랑하지 않고, 아무도 사랑할 수 없다"고 말했다. 이 말이 맞다면, 에바 역시 샬롯처럼 아이를 사랑하는 데 정서적 장애가 있었을 것이다. 만일 그랬다면, 에바는 죄책감을 견딜 수 없기 때문에, 아이

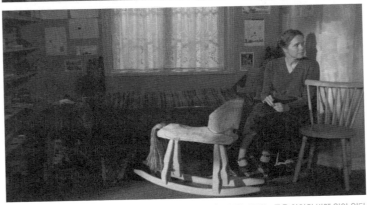

〈가을 소나타〉엄마가 떠났을 때 죽음을 느꼈던 어린 에바처럼(사진 위), 에바는 죽은 아이의 방에 앉아 있다

의 죽음을 더욱 받아들일 수가 없다. 엄마가 떠날 때마다 죽음 같은 감정을 느꼈던 에바는 아이가 떠나가자 아이가 살아있다고 생각하는 게 아니라 사실은 자신이 죽었다고 생각한다. 더 정확하게는 어른 에바가 아니라 에바의 내면 아이가 그렇게 생각한다고 할 수 있다. 엄마가 떠나갔을 때 에바는 자기 방구석에 몸을 움츠리고 앉아, "다시는 행복해 질 수 없다"고 절망한다. 에바가 죽은 아이의 방에서 어린

시절처럼 구석에 앉아 있는 모습은 아이의 죽음을 자신의 죽음으로 동일시한다는 해석을 뒷받침한다. 샬롯이 황급히 떠났을 때, 또다시 죽을 것 같은 감정에 사로잡힌 에바는 에릭의 무덤이 있는 공동묘지에서 유령처럼 앉아 자살을 생각한다.

〈가을 소나타〉 에바는 아들의 무덤이 있는 공동묘지에서 자살을 생각한다

둘째 딸, 헬레나

에바가 보이지 않는 마음의 병을 앓고 있다면, 헬레나는 금방 알아챌 수 있는 몸의 병을 앓고 있다. 다시 말해서, 샬롯이 딸들에게 사랑을 주지 않고 방치한 결과, 두 딸은 각각 마음과 몸의 병에 시달리게 된 셈이다. 에바와 샬롯이 격돌하는 장면에서, 위층의 헬레나는 잠들지 못한 채 계속 엄마를 부르는 듯한 짐승 같은 소리를 낸다. 그럼으로써, 샬롯의 죄책감은 더욱 가중된다.

에바는 헬레나가 회복하기 어려울 정도로 병이 악화된 원인이 샬롯에게 있다고 주장한다. 예전에 샬롯이 레오나르도를 집에 초대했을 때, 지적 장애가 있는 헬레나는 그와 엄마의 연인관계를 알아채지 못한 채 그에게 연정을 품게 된다. 그것을 눈치챈 샬롯은 딸에 대한 배려는 전혀 없이 레오나르도를 황급히 떠나보냈고, 그 충격으로 헬레나는 팔과 다리에 마비 증상이 생겼고 몸 상태도 급격하게 나빠졌다.

여기서 흥미로운 점은 에바는 샬롯을 대신해 아버지의 아내 역할을 했고 헬레나는 엄마의 연인을 사랑함으로써, 샬롯의 두 딸이 오이디푸스 콤플렉스를 겪었다는 것이다. 헬레나가 말까지 제대로 하지 못하는 상태가 된 것은 죄책감과 엄마의 사랑을 잃어버릴 불안감이 너무 커서 그러한 인식을 할 수 없는 유아 수준으로 퇴행한 결과라고 할 수 있다.

빅토르에게서 엄마가 떠났다는 말을 들은 헬레나는 울부짖듯 알아들을 수 없는 말을 미친 듯이 내뱉으며 발작 증상을 보인다. 에바의 마음의 고통이 육체의 고통으로 표출된다면, 헬레나의 상태와 비슷할 것이다.

에필로그

어린 시절에 동결된 마음의 감옥에 갇힌 에바는 물리적 감옥 같은 외딴곳에서 고립되어 살아간다. 죽음을 생각하던 에바는 빅토르의 아내이자 헬레나의 언니라는 의무를 환기하며, 지금 죽을 수 없는 이유를 떠올린다. 어쩌면 그녀는 에릭이 곁에 있다고 느끼면서 자신이 이미 죽었다고 생각하기에, 집으로 무거운 발길을 돌릴 수 있는 것 같다.

〈가을 소나타〉 마음의 감옥에 갇힌 샬롯은 기차 안에 갇힌 것처럼 보인다

이때 샬롯은 에이전트와 함께 기차를 타고 있다. 그녀는 자신이 에바의 집에서 헬레나를 만나 너무 힘들었다면서(에바와의 격돌에 대해서는 말하지 않는다), "왜 빨리 죽지 않지?"라는 비정한 말까지 내뱉는다. 에바가 벗어나고 싶어 하면서도 집으로 향하는 반면, 샬롯은 고향에 가고 싶어 하면서도 집에서 멀어진다. 그들은 어디서도 마음의 안식처를 찾지 못한 채 불행을 대물림하며 마음의 감옥에서 빠져나오지 못한다. 샬롯은 기분 전환을 하려고 이말 저말 늘어놓지만, 기차 안에 갇힌 것 같다. 아울러 그녀의 심적 고통이 점점 더 해지는 듯 기차 소리는 점점 더 커진다. 한편, 샬롯의 기차 장면에서 정면을 향한 샬롯의 얼굴 클로즈업 쇼트는 그 장면이 에바의 상상일 수도 있다는 생각을 하게 만든다.

영화의 마지막 장면에서, 에바는 첫 장면에서처럼 책상에 앉아 있다. 문틀과 문틀이 겹친 미장센에서 에바는 여전히 갇힌 것처럼 보인다. 붉은색 체크무늬 셔츠에 붉은색 치마를 입은 그녀는 다시 착한

〈가을 소나타〉에바는 문틀과 문틀이 겹친 미장센을 통해 갇힌 것처럼 보인다

딸로 돌아가 엄마를 괴롭혔다는 죄책감에 사로잡혀 엄마에게 용서를 구하며 화해를 청하는 편지를 쓴다. 에바는 '용서'를 언급하면서, "서로 돌봐주고 서로 도우며 애정 표현을 할 수 있게 노력하겠다"며, "엄마를 내 삶에서 다시는 지우지 않겠다"고 다짐한다. 편지가 샬롯에게 잘 도착했는지, 그녀가 편지를 읽어 보았는지는 알 수 없다. 편지의 내용이 빅토르의 목소리에서 에바의 목소리로 이어지며 관객에게 전해질 뿐, 그것을 읽는 샬롯의 모습이나 목소리는 부재하기 때문이다.

따라서 한밤중의 기나긴 격돌에도 불구하고 모든 것이 첫 장면의 상태로 되돌아간 것 같기도 하다. 그러나 후회한다 해도 오랫동안 마음속 깊이 꾹꾹 눌러 담아놓았던 분노를 엄마에게 표출했으니 에바에게는 치유의 실마리가 생겼다고 할 수 있다. 그녀가 상처투성이의 내면 아이를 떠나보내고 마음의 감옥에서 벗어나 심신이 성숙한 진짜 어른, 사랑을 할 수 있는 인간으로서 잘 살아가면 좋겠다.

제2부

그러니까, 가족

5장
한국 SF영화
<승리호>와 <서복>에서 발견한 가족

송영애

가족과 영화, SF영화의 관계

'가족(家族)'은 사전적으로 '주로 부부를 중심으로 결혼, 혈연, 입양 등을 통해 친족 관계에 있는 사람들의 집단 또는 구성원'[1]을 의미한다. '대개 한집에서 생활하고, 같은 가족관계등록부 내에 존재하고, 비유적인 의미로 같은 조직체에 속하거나 뜻을 같이하는 사람'[2]을 의미하기도 한다.

가족관계는 부모, 자식, 형제, 자매, 조부모, 사촌, 조카 등으로 일종의 역할을 부여하는데, 이에 따른 호칭도 사용된다. 비유적 의미의 가족관계에서도 비슷한 관계가 설정되고, 비슷한 호칭이 사용된다.

사실 가족이 나오지 않는 영화는 거의 없다. 혈연이나 입양으로 구성된 가족뿐만 아니라 비유적 차원에서의 가족까지 여러 형태의 가족이 등장한다. 가족이 영화 내용의 중심이 되는 '가족에 대한 영화'의 경우, 가족은 주인공이 특정 행동을 하는 동기나 목표가 되곤 한다. 가족이나 가족관계에 대해 다시 생각할 기회도 제공한다. 가족이 영화 내용의 중심이 아닌 경우, 가족은 영화 내용의 배경으로서 인물의 생각이나 행동을 이해하는 데 도움을 주곤 한다.

영화 내용과 상관이 없는 경우에도 가족은 영화와 연결된다. 예를 들어, '가족영화'라 불리는 영화는 대개 '전체관람가'나 '12세이상 관람가' 등급을 받아 폭력성이나 선정성, 모방 위험과는 거리가 먼 영화를 의미한다. 어린 자녀를 포함해 다양한 연령대의 가족이 함께

1 네이버 사전, 표준국어대사전 참고.
2 네이버 사전, 고려대한국어대사전 참고.

관람할 수 있는 영화라는 의미에서 '가족영화'로 평가된다.

흥미롭게도 앞서 살펴본 모든 경우에서 가족에 대한 입장이나 시선을 해석해낼 수 있다. 영화 속 가족의 모습과 역할뿐만 아니라 특정 영화를 가족영화로 평가하는 기준 등이 모두 영화 밖 현실과 관련이 있기 때문이다.

SF영화도 마찬가지다. 주로 미래나 가상의 세상을 배경으로 하는 공상과학영화이다 보니, 영화 속 가족 역시 상상의 영역으로만 여길 수 있으나, SF영화 속 가족의 모습은 현실의 영역이다. 영화를 만든 사람이 영화를 만든 시점 즉 현재를 사는 사람인 이상, 영화 속 가족은 현실에 기반을 둔 추측 혹은 상상의 결과라 할 수 있다. SF영화에는 가족에 대한 현실적인 시선뿐만 아니라, 기대와 바람 등까지 담겨 가족에 대한 현재의 담론이 더욱더 명확히 드러날 수 있다.

2021년에 개봉한 한국 SF영화 중 〈승리호〉(조성희, 2021)와 〈서복〉(이용주, 2021)에서도 현재 우리 사회에 존재하는 가족에 대한 여러 인식을 발견할 수 있다. 여러 형태의 가족과 가족관계가 등장하는데, 그동안 다른 영화에서도 자주 접했던 익숙한 모습도 있고, 새로운 모습도 있다. 또한, 두 영화 속 가족 모습에는 비슷한 점도 있고, 다른 점도 있다.

두 영화 모두 '가족'을 내용의 중심에 두고 있지는 않지만, 주인공의 행동을 이해하는 데 큰 도움이 된다. 더 나아가 두 영화의 개인과 가족, 더 나아가 인간에 대한 시선과 메시지도 해석해낼 수 있다.

아버지 혹은 어머니의 이름으로

〈승리호〉속 2092년 지구에서 푸른 하늘과 숲은 사라졌지만, 가족은 사라지지 않았다. 순이와 아빠 김태호, 꽃님이와 아빠 강현우라는 부녀 관계가 등장하는데, 두 관계에서 모두 엄마의 모습은 보이지 않는다. 그리고 순이와 강현우의 죽음으로 그 관계도 오래가지는 못한다.

태호는 기동대 병사 시절 불법 이민자를 단속하다 아기 순이를 구하고, 순이의 아빠가 된다. 단속과정에서 순이의 청력이 손상되었다는 것을 알게 된 태호는 괴로움 속에 기동대를 그만둔다. 이후 도박에 빠져, 방치하다시피 한 순이는 사고로 죽고 만다. 현재 태호는 우주를 떠돌고 있는 순이의 시신을 찾기 위해 쓰레기 수거 우주선 일을 하며 돈을 모으는 중이고, 죄책감과 그리움에 괴로워하는 중이다.

과학자 현우는 아픈 꽃님을 살리기 위해, 연구 중이던 나노봇을  꽃님에게 이식했다. 그로 인해 꽃님은 다른 나노봇과 소통이 가능해져, 죽어가는 나무를 살려내는 등의 신비한 능력을 갖추게 됐다. 나노봇 덕분에 꽃님은 살아났지만, 꽃님의 능력을 노리는 세력으로부터 위협을 받게 된다. 현우는 납치된 꽃님을 찾기 위해 애쓰는 과정에서 죽고 만다.

태호는 꽃님을 보며 죽은 순이를 떠올리게 되는데, 죽은 현

〈승리호〉태호와 꽃님의 모습

우를 대신해 꽃님의 아빠가 되어주는 것은 아니지만, 꽃님에게 삼촌으로 불리며, 승리호 선원들과 함께 비유적 의미의 가족이 된다.

〈승리호〉 속 미래의 두 아빠는 무모하리만큼 용감하며, 그들의 딸은 귀엽다. 위협받는 딸과 그런 딸을 구원하고자 물불 가리지 않는 아빠라는 꽤 익숙한 부녀 관계가 미래에도 지속되고 있다. 다시 말해 지속될 거라고 상상하고 있다.

〈서복〉에서는 엄마가 등장한다. 의사 임세은은 경윤과 서복의 엄마다. 세은은 어린 경윤과 남편을 사고로 잃은 후, 아들의 유전자로 복제인간 서복을 만드는 데 참여했다. 세은은 서복을 '수컷 실험체'로 칭할 만큼 차가운 면도 보이지만, 서복에 대한 연민으로 무기력한 면도 보인다. 결국, 서복을 이용하려는 세력에 맞서다 죽고 만다. 죽은 아들에게 강한 집착을 보이는 엄마라는 꽤 익숙한 모습이지만, 남편

〈서복〉 세은과 서복의 모습

이나 아들의 도움이 필요한, 무능하고 나약한, 이전 영화에서 종종 본 엄마의 모습은 아니다.

〈승리호〉와 〈서복〉 속 아버지와 어머니는 완벽하지는 않지만, 자식을 위해 기꺼이 희생하는 모습을 보인다. 우주, 복제인간이라는 지극히 미래적인 상황 속에서도 아버지와 어머니는 여전히 용감하다. 과거와 다를 바 없다. 현재에도 미래에도 우리가 바라는 부모의 모습인 걸까?

가족이라는 이름으로

〈승리호〉와 〈서복〉에서는 아빠와 딸, 엄마와 아들이라는 가족관계로 구성된 전통적인 범위의 가족 이외에 좀 더 확대된 범위의 가족도 등장한다. 소위 말하는 '정상 가족'보다는 '유사 가족'이나 비유적인 의미로서의 가족에 가깝다.

승리호 선원들은 처음에는 꽃님을 그저 큰돈을 벌게 해줄 로봇으로 여겼다. 그러나 점차 동생으로, 조카로, 딸로 여기기 시작한다. 딸을 잃은 아픔이 있는 기동대 출신 태호, 우주 해적단을 이끌었던 장 선장, 갱단 두목 출신 기관사 타이거 박, 작살잡이 로봇 업동이는 꽃님을 살리는 동시에 지구를 살리는 과정에서 더욱 가족 같아진다.

특히 영화의 마지막에서는 소위 전통적인 가족의 아침 식사 장면까지 등장한다. 엄마, 아빠, 자녀라는 전형적인 역할은 없지만, 분명 서로에게 힘이 되는 함께하는 가족이다. 인간과 로봇이라는 경계도, 혈연도 뛰어넘은 확대된 범위의 가족이라 하겠다.

판타지로 느껴지기도 하지만, 사실 현재 우리 사회에는 다양한 방식으로 구성된 가족이 존재하고, 그 중요성에 대한 인식도 확대되고 있다. 소위 '정상 가족'에 대한 인식 변화 등이 영화에 투영된 것이다. 한부모 가족, 동성 가족 등 가족은 더 이상 남녀, 법적 부부, 혈연에서만 시작되지 않는다.

〈서복〉에서 세은과 서복의 관계는 생물학적 모자 관계이기는 하지만 개발자와 실험체 관계이기도 하다. 가장 대표적인 가족의 기준인 혈연에 의한 관계로 설정되었으나, 실험실에서 거주하고 있는 서복과 가운을 입은 채 서복에게 약물을 투약하는 세은을 보면서, 과연 이들을 가족으로 봐야 할지 고민하게 된다.

죽은 아들과 유전자가 같지만, 죽은 아들이 살아난 것은 아니다. 또 한집에서 가족의 형태로 함께 살고 있지도 않다. 세은은 서복에게 엄마라고 불리지만, 그들의 관계를 무엇으로 정의해야 할지 모호하다. 혈연으로 시작되긴 했으니 가족으로 볼 수 있는 것인지 의심하게 된다.

바로 영화 내내 서복이 세은과 기헌에게 던지는 질문이기도 하다. 과연 복제인간 서복을 누구라고 해야 할지, 서복이 무엇을 할 수 있을지, 서복이 만들어가는 인간관계를 어떻게 봐야 할지 등 서복의 정체성에 대한 질문의 연장인 셈이다. 서복은 과연 인간인가? 그리고 서복과 세은은 가족인가?

인간과 복제인간의 관계를 과학자와 실험체, 생물학적 엄마와 아들이라는 이중 관계로 설정해, 관련된 윤리적 문제의 복잡성을 드러낸 셈이다. 서복은 세은에게 "엄마는 의사가 되고 싶어서 의사가 됐잖아. 그럼 난? 나는 뭐가 될 수 있어? 나도 뭐가 되고 싶어도 돼?"라고 묻는다. 그리고 세은과 서복은 서로 안고 운다. 세은은 서복을 생물학적으로도 과학적으로도 만들어냈지만, 성취감이나 만족감을 느끼고 있긴 못하다.

　서복은 세은의 죽은 아들 즉 자기 유전자 제공자이자 자신이기도 한 경윤의 납골당을 찾아가, 사진 속에서는 죽을 당시 어린아이의 모습인 경윤에게 이렇게 말한다. "나에요, 형. 그리고 아빠. 꼭 한번 와서 직접 보고 싶었어요. 내가 만들어진 이유니까. 교통사고로 아빠와 내가 죽고, 엄마가 너무 슬퍼서 나를 만든 거래요. 그러지 말지. 그렇다고 내가 경윤이가 되는 것도 아닌데..."

　영화 후반 서복은 기헌을 형이라 부르게 된다. 나이 많은 남성을 부르는 호칭으로 두 사람이 의형제가 됐다는 식의 해석은 과하지만,

〈서복〉 경윤의 납골당을 찾아간 서복과 기헌

서복이 세은 이외에 신뢰하는 사람과 유대 관계를 맺게 됐다는 것은 의미 있다. 관객은 기헌과 가까워진 서복을 보며 연민을 느끼게 되고, 서복을 누구라고 혹은 무엇으로 봐야 할지 더욱더 고민에 빠지게 된다.

서복은 자신이 태어난 혹은 개발된 목적이 인간의 질병 치유, 생명 연장이라는 것을 알고 있다. 이는 모르고 있는 것만큼이나 매우 폭력적인 설정이다. 개발 목적을 수행하기 위해 서복은 고통스러운 골수 채취 과정을 쉬지 않고 겪어야 한다. 영화는 그 과정을 잔인하게 묘사해, 복제인간의 정체성 이슈에 이어 폭력성 이슈까지 윤리적인 의문을 더욱더 강하게 제기한다.

〈승리호〉에서는 과학자인 현우가 나노봇 이식을 통해 꽃님의 생명 연장에 개입한다. 그러나 꽃님을 어린 나이로 설정하고, 나노봇 이식을 일종의 치료 행위, 부성애에 의한 행위로 묘사해 문제가 될 수 있는 이슈를 숨긴다. 꽃님이 초능력을 사용하는 과정 또한 고통스럽지 않게 오히려 만화 속 신비한 장면처럼 묘사해 윤리 이슈는 더욱 약해진다.

시작이 혈연이든 우연이든 〈승리호〉와 〈서복〉의 가족은 기존의 가족 범위를 확대하고 있다. 그리고 확대한 가족을 각각 다른 분위기로 시각화한다. 〈서복〉은 푸르스름한 색감으로 실험실의 세은과 서복을 보여주고, 〈승리호〉는 암흑의 우주 속에서 다양한 원 색감의 불빛 가득 우주선 내외부의 모습으로 꽃님, 태호, 장 선장, 타이거 박, 업동이를 보여준다.

〈서복〉 서복

〈승리호〉 꽃님

〈승리호〉, 〈서복〉 그리고 가족

〈승리호〉와 〈서복〉에서 보게 되는 가족은 기존 영화와는 다른

면도 있고, 비슷한 면도 있다. 먼저 2003년에 개봉한 한국 SF영화
〈원더풀 데이즈〉(김문생)와 〈내추럴 시티〉(민병천)에서의 가족과는
크게 다르다. 2003년 두 영화에서는 가족, 가족관계의 모습은 거의
등장하지 않았다. 마치 미래에는 가족 관계가 붕괴하고, 개인만 남는
것처럼 묘사되었다. 단순한 일반화를 하겠다는 것은 아니지만, 2021
년 두 영화와는 큰 차이라고 할 수 있다.

한편 〈서복〉에서 세은은 서복의 생물학적 과학적 창조자이지만,
기존 영화에서의 창조자와는 좀 다른 모습이다. 예를 들어, 〈블레이
드 러너〉(리들리 스콧, 1982)에서 인조인간을 만들어낸 타이렐 회장
은 자신을 스스로 인조인간의 아버지, 더 나아가 그들을 창조한 신처
럼 행동한다.

반면 세은은 서복의 생물학적 어머니로서 오만한 창조자의 모습
보다는 나약하고 혼란스러운 모습을 보인다. 기헌이 실험 실패에 관
해 묻자, "죽겠죠? 죽기밖에 더 하겠어요? 사람들 참 겁 많죠? 욕심도
많고?"라 차갑게 말한다. 어쩌면 자신의 이야기하는 것 같다.

〈승리호〉와 〈서복〉은 '가족'을 내용의 중심에 두고 있지는 않지
만, 인물의 행동과 사건 진행 등에서 주요 배경으로 활용한다. 승리
호 선원들이 꽃님을 살리고 지구를 살리기 위해 함께하는 모습은 충
분히 가족의 모습으로 보인다. 가족만이 문제를 해결할 수 있다는 건
아니지만, 그들의 노력은 사적인 행동에 더 가까워 보인다. 〈서복〉에
서는 세은과 서복의 애매한 가족 관계가 세은과 서복의 내면적 혼란
과 고통의 배경이 된다. 또한, 이 영화가 서복을 통해 던지는 질문이
얼마나 까다로운 질문인지 실감나게 한다.

SF영화 〈승리호〉와 〈서복〉에서 발견한 가족은 영화 밖 현실에 기반한 모습으로서, 현재 우리 사회의 가족에 대한 시선, 바람 등과 관련이 있다. 소위 정상 가족의 범위에서 벗어나는 다양한 가족 형태가 증가하면서, 그에 대한 인식은 개선되고 있지만, 여전히 편견과 차별이 존재한다. 〈승리호〉는 편견과 차별 없는 가족을 기대하게 한다. 〈서복〉은 가족관계에 대해 고민하게 한다. 또한, 인간 복제에 대한 기대와 우려를 동시에 하게 한다.

〈승리호〉와 〈서복〉은 지구 환경 파괴, 인간 복제 기술 등 인간의 미래와 관련된 이야기를 인류를 위한 노력이라는 거창한 명분 대신, 딸 같고 조카 같은 아이를 지키고 싶고, 죽은 딸과 아들이 보고 싶은 지극히 개인적인 이야기로 풀어내고 있다.

그래서 더 궁금해진다. 과연 인간은 얼마나 다양한 가족관계 속에서 살아가게 될까? 얼마나 새로운 형태의 가족이 등장하게 될까? 과연 함께 행복할까?

6장
가족, 그 혈연 너머

지승학

여는 말

고레에다 히로카즈가 바라보는 가족을 말하기에 앞서 나는 프로이트의 생각을 정리해볼 필요가 있다고 생각한다. 가장 큰 이유로는 지금 우리가 사용하는 가족이라는 말과 원래 족외혼속의 체계 속에서 구성된 혈연관계에 의한 가족이라는 뜻의 간극이 너무나 커져버렸다고 생각하기 때문이다. 그 차이는 오히려 지금의 가족이 순수 '혈연'을 지나치게 따지고, 순수 '관계'에는 오히려 소홀해지고 있다는 사실에서 비롯된다. 고레에다 히로카즈가 순수혈통을 강조하는 자국 내의 정치문화 계에서 환영받지 못하는 이유도 바로 거기에 있다. 이를테면 순수혈통으로 맺어진 가족을 욕보인다는 이유로 그는 불순한 사람이 되었다는 것이다. 그렇다면 정말 '가족'은 반드시 순수혈연으로만 존재해야 할까? 순수한 관계만으로는 존재할 수 없는 것일까?

가족과 터부

가족이란 무엇인가? 라는 질문의 학문적 궤적을 추적하다보면 흥미롭게도 정신분석학과 만나게 된다는 사실을 어렵지 않게 알게 된다. 언뜻 인종이나 민족이라는 단어와 연결될 것처럼 보이는 가족이란 개념이 사회학적 양상에서 벗어나 정신분석학과 만나게 되는 계기는 '터부(tabu)' 때문이다. 터부라는 말을 처음 접한 서구인들은 그 의미에 해당하는 자신들의 말이 없다는 것을 깨닫고 매우 혼란스러워했다고 한다. 그러다가 라틴어에서 그 의미와 유사한 단어를 찾게 되었는데 그 말이 바로 '사케르(sacare)'다. 우리말로는 '거룩하다'라고 번역될 수 있는 이 단어는 사실 터부와 정확하게 일맥상통한다고 보기는 어렵다. 왜냐하면 프로이트는 '터부'란 신성함과 꺼림칙함이라는 의미적 양가성을 함께 갖고 있는 것으로 이 말을 이해했기 때문이다. 원시 부족민들의 문화를 이해하는데 서구인들이 혼란을 겪었던 이유는 바로 터부의 이런 감정의 양가성이 작용한 탓이 컸다. 특히 원시 부족들의 문화 전반에 걸쳐 작동하고 있었던 탓에 '미개함'으로 오해되기도 했는데 왜냐하면 이 양가성은 언뜻 보기에 예측 불가한 충동적 행동으로 보이기 일쑤였기 때문이다. 그런데 인간에게 적용된 터부가 가족이 형성되는 과정에 내밀하게 작용하게 되면 족외혼속의 체제를 강화하는 명료한 규칙이 되기도 한다. 즉, 결혼을 해도 되는 관계와 해서는 안 되는 관계를 터부로 규정하여 잔혹한 처벌로 엄격하게 구분해 놓았던 것이다.

또한 프로이트는 가족이 형성되기 전에 작용되어야 하는 금기의 체계적 엄밀성을 설명하기 위해 민족지학자인 제임스 프레이저의 『황금가지』라는 책을 많이 인용한다. 특히 그의 논문 중 「토템과 터부」라는 글에는 프레이저의 그 책이 담고 있는 이야기가 제법 여러 번 등장하는데 그 이유는 프레이저가 원시 부족들의 문화 속에서 신성한 결혼, 터부가 된 사물과 인간, 왕과 신의 살해, 계승 등과 관련 있는 주술과 의례의 내용을 세세하고도 광범위하게 보여주고 있었기 때문이었다. 프로이트는 이런 프레이저에게 영향을 받아서 '토테미즘'을 위한 동물 분류체계가 '친족 관계'와 밀접한 관계를 맺고 있다고 확신했다.

그렇다면 토템과 가족 관계는 어떤 면 때문에 터부와 밀접한 관계를 맺게 되었을까? 그것은 앞서 말한 대로 '토테미즘' 즉, 동물의 분류체계가 씨족 간 분별체계와 딱 맞아떨어진다는 점에서부터 시작된다. 그 안에는 절대 만져서는 안 되며 보아서도 안 되고 먹어서도 안 되는 동식물들로 가득했다. 이런 태도는 단지 동식물을 보호한다는 차원을 넘어, 자신들이 가지고 있는 '엄격한' 동식물의 분류체계를 터부의 가치로 환원시켰다는 의미이기도 했다. 프로이트는 그런 터부의 심층구조에 주목했다.

'죽었으면 좋겠어.'

프로이트가 터부의 심층구조에 주목한 이유는 여기에 숨어 있는 감정의 양가성 때문이다. 감정의 양가성은 애정의 충동과 살의의 충동이 뒤엉켜있다고 바꿔 말할 수 있다. 여기서 애정의 충동은 죽음이 이뤄주는 이른바 '소망충족'과 관련이 깊고 살의 충동은 이를 향한 '꾸짖음'과 관련이 깊다. 다시 말해서 프로이트는 터부에는 소망충족과 꾸짖음이라는 이중적 태도가 함께한다고 본다. 이런 양가성은 가령 증오하지만 숭배하는, 신성시하지만 처단하는, 사랑하지만 두려워하는 등의 감정으로 표출되기도 한다. 적장의 목을 베어오고는 그 머리를 숭배하는 행위, 왕을 신처럼 섬기다 범죄자처럼 처단하고야 마는 행위, 사랑했던 사람의 영혼조차 끝없이 두려워하는 행위 등은 이러한 터부의 양가성을 대표하는 정확한 사례들이다. 이 중에서 사랑하는 사람의 영혼마저 두려워하게 된 행위를 프로이트는 다음과 같이 해석한다.

죽음을 두려워하는 행위는 죽음으로 인해 얻어진 '소망충족'을 꾸짖기 위해서 발동되는 '적의(敵意)'를 고인의 영혼에 전위(傳位)시킨 결과라고 말이다. 그래서 죽은 자의 영혼은 불안함을 야기하고 공포를 조장하는 대상이 될 수밖에 없었다고 설명한다. 여기서 주목해야 할 것은 죽음을 무의식 속에서 발생하는 일종의 소망충족이라고 해석한 대목이다. 쉽게 말하자면, 가족을 향해 퍼붓는 저주 중 가장 강력한 생각, '죽었으면 좋겠어.'라는 마음은 죽음으로써 얻어낼 수 있는 무의식적 소망 그 자체라는 말이다.

가족 관계의 왜곡과 진실

죽음으로 인한 무의식적 소망충족은 가족 관계 내에서 남다른 의미를 갖는다. 왜냐하면 가족관계 속에서 우리는 소망충족과 대비되는 힘으로서 이를 무력화하려고 왜곡하는 의식만을 서로 보고 보여주게 된다는 뜻이기 때문이다. 앞서 말한 대로 모든 문화권에서 발견되는 현상, 즉 죽은 영혼이면 사랑했던 사람의 영혼조차도 두려워하는 현상은 모든 이들이 죽음의 소망충족을 무의식 속에 가지고 있다는 것을 의미한다. 이로부터 진실한 관계를 설명할 수 있는 길이 열린다. 무의식에 자리 잡은 죽음의 소망충족을 굳이 왜곡하려 하지 않는 관계. 다시 말해 '죽었으면 좋겠어!'라는 무의식적 소망충족을 무엇으로도 왜곡하지 않아도 되는 관계가 있다면 그것을 진실한 관계라고 말할 수 있지 않을까?

〈어느 가족〉의 두 가지 시선

바로 이 소망, 아무리 생각해봐도 혈연관계에서는 도저히 입에 담을 수 없는 '죽었으면 좋겠어!'를 고레에다 히로카즈는 자신의 영상으로 설명하고 싶어 한다. 그래서 나는 그가 다큐멘터리 방식이든 영화의 방식이든, '죽었으면 좋겠어!'라는 말을 숨기지 않아도 되는 가족을 진실한 가족이라고 말하고 싶어 한다고 생각한다. 특히 나는 고레에다 히로카즈 감독의 〈어느 가족〉(2018)에서 바로 이런 진실한 가족의 관계가 가장 잘 설명되어 있다고 생각한다. 그 이유는 그가 우선 두 가지 관점을 제시하고 있는 것에서부터 설명할 수 있다.

하나는 그들의 시선에서 바라보는 삶 그 자체이고 다른 하나는 사회(범죄를 규정하는 집단)의 시선에서 보게 되는 범죄 혐의 그 자체이다. 먼저 그들의 삶의 방식은 단순하다. 순수한 관계로서의 만남. 하지만 사회의 시선에서는 이들의 관계를 범죄 집단으로 본다. 영화의 두 주인공인 에노키 쇼타(릴리 프랭키)와 타나베 유코(안도 사쿠라, 영화에서의 본명은 노부요 시바타이므로 이후 문장부터는 '노부요'로 통일함)는 함께 살인을 저지른 일이 있었다. 살해당한 사람은 노부요의 남편이었고 그 행위는 정당방위였다. 그 일을 계기로 두 사람은 역설적으로 순수한 관계가 되었다. 하지만 사회는 이 두 사람의 관계를 치정에 얽힌 막장 범죄자 커플로 인식한다.

다음으로 가족 구성원 중 한 명이었던 아키는 할머니가 제안한 순수한 호의에 응한 것뿐이었다. 하지만 사회는 그녀 역시 오로지 돈만 밝히는 할머니에게 속은 것으로 본다. 할머니의 순수한 호의를 오역하는 사회적 시선. 그것은 필연적일 수밖에 없다. 하지만 할머니의 진심은 그녀가 들리지 않게 죽기 전 남긴 말, 하지만 입 모양으로만 내뱉은 그 말로도 증명된다. "다들 고마웠어."

또한 노부요가 쥬리에게 보인 진심을 사회는 아이를 낳지 못한 노부요의 시기와 질투로 왜곡한다. 하지만 노부요가 보기에 쥬리에게는 부모가 필요 없었다. 낳았다고 해서 모두 진정한 부모가 될 수 없다는 것을 이미 알고 있었기 때문이다. 하지만 사회는 그곳이 지옥이라 하더라도 혈연관계라면 무조건 돌아가야 한다며 눈과 귀를 막은 채 쥬리를 지옥 속으로 다시 돌려보내려 애쓴다. 여기에 노부요는 강하게 저항한다. 왜냐하면 진실한 가족만이 혈연관계가 만들어내는 지옥에서 쥬리를 구해낼 수 있다고 믿기 때문이다.

사례 1. '낳고 싶지 않았어'

에노키 쇼타와 노부요는 '누구 씨인지도 모르는 애'라는 말과 '낳고 싶지 않았어'라는 말을 듣고 난 후, 집 밖에 나와 있던 어린 쥬리를 자신들의 집으로 데려온다. '누구 씨인지도 모른다'는 말은 혈연관계에만 집착하는 지금의 가족관을 나타내고, '낳고 싶지 않았어'라는 말은 '죽었으면 좋겠어'의 또 다른 버전이다. 게다가 그런 상황에 처한 쥬리를 데리고 살기로 결정한 계기는 '낳고 싶지 않았어'라는 쥬리 엄마의 죽음소망이 쥬리에게 나타나고 있음을 알게 된 순간이었다. 그 왜곡은 방치와 폭력으로 이미 벌어지고 있었다. 쥬리를 데려온 일이 유괴냐 아니냐의 문제를 떠나야 하는 이유는 거기에 있다. 오히려 그 일은 혈연관계가 아니어야만 쥬리의 행복을 담보할 수 있다는 상징적 사건 즉 쥬리의 집 밖을 지나가던 낯선 존재여도 가족 관계는 시작될 수 있다는 메시지로 읽어내기에 충분한 이유가 된다.

〈어느 가족〉 스틸컷

특히 적어도 그들은 쥬리의 친엄마와 달리 죽음소망이 표출되었던 방치와 폭력을 군이 행사할 필요가 없다. 혈연관계에 묶여 있지 않기 때문이다. 그런 의미에서 노부요가 쥬리의 옷을 태워버린 일과 쥬리를 보며 "이렇게 꼬옥"이라며 안아준 일은 있는 그대로 인정해주는 관계가 혈연보다 훨씬 중요하다는 사실을 말해주는 중요한 장면이라고 할 수 있다. 결국 친모에게 돌려보내진 쥬리는 영화 마지막,

되돌아가야 할 가족이 있다면 지금 여기 친부모가 있는 곳이 아니라 노부요가 있는 바로 '거기'로 가야한다는 듯 첫 발을, 짧지만 긴 여운을 남기며, 떼 낸다.

사례 2. '손님'과 '남편'의 중간

그래서 에노키 쇼타는 섹스가 필요 없다고 말할 수 있었던 것이다. 섹스는 혈연관계의 출발점이다. 섹스를 필요로 하지 않는 그의 태도는 진정한 관계란 혈연을 보장할 필요가 없다는 말로 들린다. 그런 이유로 영화 중반 노부요의 주도로 시작된 섹스는 부부의 정과 윤락 서비스의 경계를 조롱하듯 오간다(그녀는 그를 '손님'이라고 말하기도 한다). 하지만 그 일은 성적 쾌락이라기보다 마음을 나누었다는

〈어느 가족〉 스틸컷

기쁨에 가까워 보인다. 그가 진정으로 생각하는 가족은 섹스가 아닌 마음을 통해 더욱 진정성 있는 가족으로 재탄생할 수 있는 것이기 때문이다.

사례 3. 도둑질과 이름

이런 관계의 진정성은 에노키 쇼타가 어린 쇼타에게 가르쳐 준 도둑질에서도 발견된다. 그는 가르칠 수 있는 게 도둑질밖에 없어서 어린 쇼타에게 도둑질을 가르쳤다고 말한다. 고레에다 히로카즈는 도둑질을 가르쳤다는 윤리적 비난 이전에 내가 가진 모든 것을 있는 그대로 주었다는 말로 들리도록 상황과 인물의 표정을 배치한다. 도둑질의 사회적 의미를 눈치 챈 어린 쇼타가 혼란스러워서 이에 대해 노부요에게 재차 질문 했을 때도 그녀는 "가게에 진열된 물건은 아직 누구의 것도 아닌 것"이라는 쇼타의 말에 동조해주면서 '가게가 망하지 않을 만큼만 훔치는 한'에서 괜찮은 일이라고 덧붙인다. 그러면 쇼타가 어린 쇼타에게 자기의 본명인 쇼타라는 이름까지 줄 수 있었던 이유도 설명된다. 자기의 모든 것을 말해주는 본명을 어린 쇼타에게 주는 것은 알고 있는 모든 것을 알려주는 것과 마찬가지로 당연한 일이었기 때문이다. 영화 〈어느 가족〉에서 도둑질과 이름은 가족끼리 줄 수 있는 모든 것을 상징한다.

하지만 쇼타와 자신의 관계에 대한 의문이 여전히 풀리지 않았던 어린 쇼타는 한 가지 시험을 해보기로 하는데, 그것은 도둑질하다가 자신이 잡혔을 때 그들이 보일 반응에 대한 것이었다. 이 일은 쥬

〈어느 가족〉 스틸컷

리의 도둑질을 막는 일이기도 했고, 동생에게만큼은 도둑질을 시키
지 말라는 야마토야 가게 사장의 애정 어린 충고에 응답하는 것이기
도 했다. 하지만 쇼타의 기대와는 달리 그들은 한 밤중에 몰래 도망
치려다가 경찰에게 걸리고 만다. 그 일로 모든 구성원들의 비밀은 하
나씩 풀리기 시작하지만 그 도망은 우리가 아는 비겁한 도망이 아니
었을 가능성이 높다. 왜냐하면 물고기 '스위미' 이야기에서 암시되어
있다시피 떨어져 있다고 해서 정말 떨어져 있는 것이 아닌 것이 진정
한 가족의 관계이기 때문이다. 더욱이 에노키 쇼타와 어린 쇼타가 눈
사람을 만든 후 밤에 나눈 대화에서 이와 관련된 어느 정도의 힌트를
발견할 수 있다. 그것은 에노키 쇼타가 어린 쇼타에게 조금도 거짓말
을 하지 않는다는 것이다. 도망가려 했던 사실을 왜곡하려 하지 않는
그. 그리고 아빠에서 아저씨로 되돌아가려는 그. 이것은 그에게 있어

서 진심으로 힘든 일이지만, 그럴 수밖에 없음을 왜곡하지 않는다. 있는 그대로 전하기. 그것은 에노키 쇼타에게는 사랑의 표현이다. 그들이 그런 관계를 유지하는 한 사랑은 여전히 유효하다.

사례 4. '토크룸'에서도 발견할 수 있는 순수 관계

윤락업소에서 일하는 아키는 할머니와 나누었던 무릎베개를 손님에게 그대로 제공한다. 그런데 여기에서 이상한 일이 생긴다. 아키가 손님을 대하는 모습은 분명 윤락업소에서의 서비스인데도 그녀의 얼굴에서는 어딘지 모르게 진심으로 상대를 대하는 모습이 비치기 때문이다. 그런데 그런 아키의 진심 어린 모습은 남성 손님과 여성 종업원 간에 나누는 모습이라기보다 할머니와 아키가 나누는 관계의 모사본에 가깝다. 이를테면 그녀가 무릎베개를 해주는 서비스와 그 속에서 상대의 아픔을 공감하며 진심으로 걱정해주는 일은 아키와 할머니가 나누던 애정의 표현이었다. 하지만 할머니와의 진심 어린 관계를 업소 손님에게 전이시키는 아키의 행동은 분명 성윤리의 문제가 아닌 오로지 순수한 관계를 의미한다. 윤락이라는 환경을 고레에다 히로카즈는 어떠한 상황에서도 어느 곳에서라도 순수한 관계는 존재할 수 있다는 것을 보여주는 데 사용할 뿐이다. 순수한 관계를 보여주기 위해서 설정된 아키의 윤락업소는 고레에다 히로카즈 감독의 눈에는 오히려 더욱 진실한 가족의 시작을 알리는 공간이다.

<어느 가족> 스틸컷

사례 6. 시체안장과 사체유기

할머니인 하츠에(키키 키린)는 이러한 가족 관계를 다음과 같은 말로 우회적으로 지지한다. "피로 맺지 않은 관계는 괜한 기대를 안 해서 좋다." 하지만 그녀의 이 말은 '다들 고마웠어'라는 진심의 전조였다. 그녀의 이 말은 쥬리의 빠진 이가 새 이를 기대하는 상징이 되듯 새로운 가족관계에 대한 기대를 남긴다. 하지만 그녀는 자살인지 자연사인지 모를 죽음을 맞게 되는데, 이는 곧 '안장'의 예법과 '사체유기'의 범죄의 경계를 건드리는 계기가 된다. 그러나 여기서 먼저 주목해야 하는 것은 할머니의 사체 유기는 무거운 범죄라는 사실이 아니라, 그녀의 주검을 스스럼없이 집안에 매장했다는 사실이다.

그 매장행위는 겉보기에 분명 불법을 자행하는 것처럼 보인다. 하지만 그들에게 할머니의 사체는 악한 영혼이 되어 자신들을 괴롭

〈어느 가족〉 스틸컷

히지 않으리라는 믿음 때문에 결행할 수 있는 행동이었다. '죽었으면 좋겠다'는 소망을 굳이 왜곡할 필요가 없는 관계에서는 할머니의 영혼조차 결코 두려워할 대상이 아니라 여전히 같이 있어도 좋은 대상이기 때문이다. 그래서 에노키 쇼타 역시 자기를 정원 연못에 묻어달라는 말을 남길 수 있었던 것이다.

그래서 가족이란

어린 쥬리는 그들을 선택했다. 혈연관계에서는 있을 수 없는 일이다. 자식도 부모도 서로를 선택할 수 없으니까. 스스로 선택한 것이 더 좋고 강할 것이라고 말하는 노부요의 말은 감독의 말이기도 하다. 한편 관계를 대체할 수 있는 것으로 '돈'을 말하기도 하지만, 그것은 부차적일 뿐이다. 노부요가 직장을 잃게 된 결정적인 이유는 쥬리를 보호하기 위해서이지 않았나. 게다가 고레에다 히로카즈는 음성으로서의 '호칭' 역시 중요하지 않다고 말한다. 에노키 쇼타가 어린 쇼타에게 아버지란 말을 듣고 싶어 하는 속내를 자주 내비치지만 '어머니'란 말에 어쩔 줄 몰라 하던 노부요는 그런 것은 전혀 중요한 것이 아니라고 잘라 말한다. 물론 범죄를 규정하는 사람이 노부요에게 어린 쇼타와 쥬리가 자신을 뭐라 불렀는지 묻는 말에 오히려 "뭐라 불렀을까요"라며 말끝을 흐리는 노부요는 마치 가족 관계에서의 호칭이 여전히 의미 있을 수밖에 없음을 시인하는 것처럼 보이지만, 그것은 진심에서 우러났을 때 불러야 하는 이름일 뿐 그 이상도 이하도 아니다.

이에 대하여 고레에다 히로카즈는 친부모의 역할에 자신들은 역부족이라며 무너지는 마음을 드러낸 노부요를 가족의 관계는 결국 혈연관계여야 한다는 사실 앞에 좌절한 것처럼 보여주지만, 결국 어린 쇼타의 입을 통해 아니라고 말한다. 그 결정적 순간은 아빠에서 아저씨로 돌아가겠다는 에노키 쇼타의 말을 들은 후 헤어지기 위해 버스에 오른 어린 쇼타가 그 안에서 낮은 목소리로 뱉어내는 '아빠'라 부르는 입 모양으로써 이미 거부되고 있기 때문이다. '소리 없는 입 모양의 아빠'는 곧 '소리만 들리는 불꽃놀이'와 정확히 대구(對句)를 이룬다. 그렇다면 이 두 문장이 상징하는 것은 무엇일까? 그것은 아마도 소리를 함께 볼 수 있는 관계라는 그 역설적 상징성을 가족 관계의 본질이라고 말하고 싶은 것은 아닐까? 고레에다 히로카즈가 그려내고 싶은 가족은 그렇게 소리만으로 불꽃놀이를 함께 볼 수 있는 마음의 관계로 묘사된다. 가족, 그것은 '혈연' 너머 물고기 '스위미'처럼 하나이면서 전부가 될 수 있는, 뿔뿔이 흩어져 있어도 여전히 하나가 될 수 있는 '관계' 그 자체다.

〈어느 가족〉 포스터

7장
조각조각 흩어진 가족사진으로 창조한
산뜻한 모자이크, <안경>

윤필립

익숙한 낯섦

〈안경〉 국내 포스터

등 돌리면 남보다 못한 것
이 가족이라곤 한다. 익숙했던
부모나 형제자매가 어느 순간
낯선 타인이 되어 버린다는 게
과연 가능한 일인지 의구심이
들기도 하지만, 어린 자식을 버
리고 떠나 새 가정을 꾸린 법적
친모가 옛 자녀의 사망 보험금
을 타내기 위해 법정 다툼을 벌
인 어처구니없는 사건이 사실은 영화가 아니라 현실에서 실제로 일
어나고 있는 일이란 걸 떠올린다면 신빙성이 떨어지는 말도 아닌 듯
하다.

이렇게 살얼음판에 놓인 듯이 한 발짝 내디딜 때마다 쉽게 금이
갈 정도로 예민한 가족 관계는 급속한 산업화와 도시화의 산물이기
라도 한 것인지, 그것은 마치 첨단기술의 발전과 생활 수준의 향상을
비웃는 것처럼 급격하고도 처참하게 부서지고 있다. 더불어 가족의
경계 또한 차츰 모호해지면서 가족에 깃든 원개념과 신개념 사이에
서 당혹감을 드러내는 사람들도 적지 않다. 그럴 만도 한 것이, 한국
에서 전통적인 가족의 개념에는 남녀로 이루어진 부부와 그들이 직
접 낳은 자녀라는 일종의 프레임이 디폴트로 설정돼 있고, 이는 가족
의 복지 혜택을 누릴 수 있는 법정 범위 즉, 직계존비속이라는 용어

로 명백히 한정돼 있기 때문이다.

　그러나 지난 역사를 반추할 때 한 가지 분명한 사실은, 동시대인들의 심리적 포용력 즉, 톨레랑스의 한계에도 불구하고 변화하는 가치는 늘 존재했으며, 이러한 가치관의 변화는 당대 사회인들의 케케묵은 가치관을 추월하다 결국은 대변화를 주도하게 돼 있다는 것이다. 무엇보다 지금 한국 사회에서는 늘 그대로일 것만 같았던 '가족'의 개념이 기존의 프레임에서 벗어나 새롭게 자리잡는 징후들이 곳곳에서 포착되고 있다. 이러한 변화는 우리 시대의 '가족'이라는 단어에 익숙하면서도 낯선 양가적 감정을 불어넣는다.

　그러한 첨예한 감정 대립은 이제 가족의 해체라든가 가정의 붕괴 등의 현상조차 고리타분한 고정관념으로 만드는 듯하다. 실제로 가족의 문제는 영화 속에서 주로 부부의 갈등과 화해 혹은 이혼이나 파국 등과 만나 눅눅하고 습한 클리셰를 동반하여 어딘가 부정적인 것처럼 재현될 때가 많았다. 그러나 근자에 들어 〈결혼 이야기〉(노아 바움, 2019)와 같은 작품에서는 그 또한 자연스러운 것으로 용인하기 시작했고, 〈어느 가족〉(고레에다 히로카즈, 2018)이나 〈가버나움〉(나딘 라바키, 2018)과 같이 관점을 달리하여 또 다른 가족의 가능성을 제안하는 작품들도 늘고 있다. 그런가 하면, 한국 영화에서는 〈정말 먼 곳〉(박근영, 2020)이나 〈혼자 사는 사람들〉(홍성은, 2021), 〈브로커〉(고레에다 히로카즈, 2022) 등이 전통적 통념을 깨고 새로운 가족과 가정의 탄생 가능성을 담아내기도 했다. 이는 시대를 앞서갔음에도 사회적 반향을 일으키기보다는 호기심을 사는 것에 그칠 수밖에 없었던 〈내일로 흐르는 강〉(박재호, 1995)이나 〈301

302〉(박철수, 1995), 〈봉자〉(박철수, 2000) 등과는 분명 다른 양상
이다.

이렇게 볼 때 동시대의 가족을 전통적인 프레임에만 가둔 채 바
라보는 것은 더 이상 무의미하다. 그것은 마치 케이블 채널을 돌리다
우연히 온갖 막장드라마가 펼쳐지는 십수 년 전의 '부부클리닉 사랑
과 전쟁'에 시선이 머물다가도 이내 '굳이 저렇게까지……'라고 하며
채널을 틀어버리는 것과 같은 마음이랄까.

이러한 가운데 일본의 오기가미 나오코는 영화 〈안경〉(2007)에
서 가족의 해체와 붕괴가 무색해지는 신개념의 가족 내지는 대안적
가족 공동체를 은은하고도 은근한 시선으로 제안하고 있어 주목할만
하다. 그것이 벌써 십수 년 전의 일이란 걸 떠올린다면 감독은 그때
만 해도 아무도 가지 않으려고 했던 낯선 곳에 이미 익숙한 발걸음으
로 와 있었던 것 같다.

〈안경〉 주인공 타에코가 무작정 오게 된 해변에서 평화로운 바다를 느끼고 있다

가족사진

　〈요시노 이발관〉(2004)으로 시작해 〈카모메 식당〉(2006)을 거쳐 〈강변의 무코리타〉(2020)에 이르기까지 오기가미 나오코의 영화에는 일정하게 배어있는 특유의 서사가 존재한다. 매 작품 격을 허문 혹은 그 반대의 개인이나 집단이 등장하고, 그 안에 다소 이질적인 행동 양식의 이방인이 들어와 서로 평행선을 그리다가 한바탕 소동을 겪고 나서야 비로소 함께하는 공동체로 성장하는 이야기가 양식화되어 나타나는 것이다.

　이렇게 오기가미 나오코의 영화적 세계관은 이미 정형화되어 있고 그마저도 매우 단순하다. 그러나 전형적인 캐릭터의 양식화된 언동에도 불구하고 〈안경〉과 같은 작품은 새롭다 못해 생경하기까지 하다. 그도 그럴 것이 한 도시 여자가 무작정 찾은 바닷가 작은 숙소에서 큰 사건이나 눈에 띄는 갈등도 없이 조용히 사색하며 마을 사람들과 시간을 보내는 이야기는 그저 듣는 것만으로도 충분히 관객들을 당혹스럽게 만들고 본전 생각이 나게끔 할만하다. 그런 이유에서인지 국내 개봉 당시에는 모 포털 사이트에 '이 정도면 게으른 영화'라는 한 줄 평이 붙기도 했었다.

　그러나 영화가 지닌 시청각 매체로서의 특성을 떠올린다면 영화적 서사란 단순히 큰 사건이나 등장인물 간의 갈등으로 빚어지는 전체적인 줄거리로만 구조화되지 않는다는 것을 알 수 있다. 그러한 것들은 영화 속에서 서사의 뼈대를 담당할 뿐이기 때문이다. 영화적 서사는 오히려 인물들의 침묵이나 표정, 제스처 등과 같은 비언어적 행동 그리고 그 상황에 동반되는 각종 의상이나 소품, 이러한 것들과 연동되는 소리나 배경음악, 더 나아가 이 모든 것을 포착하는 카메라 워크 등으로 강화되는 동시에 보다 유의미해진다. 영화 〈안경〉을 둘러싼 오해는 바로 이 지점에서 해소될 수 있다.

즉, 등장인물 사이에서 소소한 일들이 일어날 때 과연 카메라는 누구를 어떻게 응시하고, 그 속에서 각 인물의 의상은 어떤 식으로 변화하며, 그때 활용되는 소품들이 획득되거나 버려지는 양상은 어떠한지 등을 따라가다 보면 감독이 의도적으로 숨겨 놓아 전에는 미처 알아차리지 못했던 행간의 비밀, 바꿔 말해 서브 텍스트를 읽어낼 수 있게 되는 것이다. 그리고 비로소 그 순간 평화로운 바닷가에서 일어나는 지루한 여행기에 불과했던 〈안경〉은 신개념의 가족 공동체에 관한 이야기로 탈바꿈하게 된다. 미로 같은 행간을 지나 그 끝에 걸린 가족사진과 마주하게 되는 순간이다.

〈안경〉 타에코와 하마다 펜션의 사람들이 한 방향을 바라보고 있다

섞이지 못하는 이질적인 사진 조각, 타에코

어떤 사진에다 그것이 가족사진이라는 정체성을 부여하려면 필연적으로 가족 구성원이 존재해야 한다. 물론 사진이 피사체를 통해 감정을 전달하기도 하고 특유의 분위기를 풍기며 제3의 의미를 창조하기도 하지만, 통상적으로 가족사진이라는 이름표를 붙이기 위해서는 그 프레임 속에 피사체로 맺히는 가족이라는 실체가 실존해야 하는 것이다.

그러나 이런 관점으로 영화 〈안경〉 속의 인물들을 보고 있노라면 다소 당혹스럽다. 결론적으로는 가족 관계라 본다고 해도 처음에는 이들이 과연 어떤 관계인지가 도무지 드러나지 않기 때문이다. 이러한 당혹감은 하마다 민박의 투숙객이자 주인공인 타에코(코바야시 사토미)가 느끼는 바이기도 하다. 어딘지 모르게 신비로운 사쿠라(모타이 마사코)와 하마다 민박의 주인장 유지(미츠이시 켄)가 어떤 관계냐고 묻는 타에코에게 유지의 친구 하루나(이치카와 미카코)는 되묻는다.

하루나: 어떤 관계로 보이는데요?
타에코: 남매나 부부?
하루나: 그 둘이 어딜 봐서 부부예요? 거참 사람 보는 눈 없네.

타에코가 남매나 부부라고 답한 이유는 사쿠라와 유지의 관계가 그만큼 가까워 보였기 때문이고, 그렇게 답하는 순간까지 타에코가 표현할 수 있는 가장 가까운 관계는 사회 통념상 혈연으로 긴밀하게 결속된 법적 가족 관계였기 때문이다. 그런 법적 관계를 따지고 들자면 그 둘은 그저 타인 대 타인일 뿐이지만 하루나는 타에코에게 이렇게 답한다.

타에코: 그럼 무슨 관계인데요?
하루나: 아주 대단한 관계요.

황당한 답변처럼 보이지만 이것은 전형적인 가족 관계의 틀에 머물러 있던 타에코에게 이전에 생각하지 못했던 새로운 가족 관계의 가능성이 시사되는 결정적인 순간이다. 물론 타에코는 그저 의아해할 뿐 여전히 그 참 의미를 제대로 짚지 못한다. 하지만 감독은 하루나의 무심한 말투를 빌려 이 영화가 전달하려는 가장 중요한 미덕 즉, 혈연으로 엮이지 않았더라도 서로 다름을 포용하면서 같은 가치를 공유하고 한 곳을 바라볼 줄 안다면 누구나 가족을 뛰어넘는 '아주 대단한 관계'가 될 수 있다는 사실을 은근슬쩍 드러내 보인다.

한편, 타에코는 사쿠라, 유지, 하루나 등 하마다 민박의 사람들을 보며 그들이 어딘지 모르게 가족처럼 격이 없다는 걸 느끼지만, 자신은 휴대전화 신호가 안 잡히는 곳을 찾아 무작정 이곳으로 흘러 들어 왔을 만큼 관계에 지친 처지였기에 그들과의 관계 속에 개입되기를 거부한다. 이러한 타에코의 경계심은 영화 초반 해변의 빙숫집 앞에서 웃으며 정중히 빙수를 권하는 사쿠라에게 타에코가 단호한 말투로 거절하며 마치 인생의 모든 짐을 싸 넣어 놓은 듯한 큰 여행 가방으로 평행선을 긋고 지나가는 장면에서 잘 나타난다.

　이 장면에서 사각 프레임의 상단에 놓인 사쿠라는 그렇게 타에코가 그어 놓은 선 밖에 머물면서도 타에코에 대한 따뜻한 시선을 그치지 않는 것을 볼 수 있다. 그리고 극이 흐르는 가운데서도 변함이 없는 사쿠라의 모습은 마치 여성으로 형상화된 풍요로운 자연과 닮아있으면서도 어떤 부분에서는 모성과 부성을 동시에 지닌 '어른'의 상징과도 같다.

〈안경〉 사쿠라가 자신을 경계하는 타에코를 인자하게 바라보고 있다

　사실 물과 기름처럼 섞이지 않는 타에코에게 열린 마음으로 다가가는 것은 사쿠라뿐만 아니라 하마다 민박의 주인장 유지와 동네 중학교 교사 하루나 또한 마찬가지이다. 이들의 공통점은 타에코를 향한 열린 태도뿐만 아니라 몇 가지 더 독특한 것들이 있다. 예를 들면, 매일 '메르시 체조'로 함께 아침을 열고, 서로 음식을 나누며 거의 모든 식사를 함께할 뿐만 아니라 빙수를 먹으면서 바다를 바라보며

그야말로 '멍때리는' 일(영화 속에서는 사색으로 표현됨)에도 기꺼이 동참한다.

하지만 타에코에게 그런 일들은 그다지 중요하지 않은 것들로만 느껴질 뿐이기에 매번 "아니요. 저는 사양하겠습니다."라고 하며 관계성 맺기를 거부한다. 그 이질성은 마치 어디서 떨어져 나온 지도 모른 채 맑고 투명한 청록색의 바다 표면에 부유하는 썩은 나무판자 같다. 실제로 영화 전반부 내내 타에코는 검정이 두드러지는 의상을 입고 등장하면서 자신의 이질적인 존재감을 드러내고 있기도 하다.

또한 오기가미 나오코 감독은 전체적으로 아이레벨의 원거리 숏을 구사함으로써, 이 작품에 극적인 효과를 덧입히기보다는 일상성과 사실성을 표현하는 데 주력하지만, 타에코가 등장하는 장면에서는 근거리 숏을 비교적 적극적으로 활용하면서 캐릭터의 주관적인

〈안경〉 타에코가 하루나의 차에서 창밖을 흐뭇하게 바라보고 있다

심리와 그 변화를 부각시킨다. 덕분에 조용한 일상 가운데서도 잠잠히 변화하는 캐릭터의 모습이 비교적 쉽게 포착된다.

이질적인 조각에 의미가 부여되는 시간, 자전거 타기

타에코는 하마다 민박의 사람들 중 가장 이질적인 존재지만 타에코에게는 오히려 그들이 이질적으로 느껴졌다. 매일 정중한 인사말로 자고 있는 자신을 깨우는 사쿠라의 문안 인사는 배려나 친절이 아니라 무례함의 극치로 다가온 데다 아침마다 해변에 모여 음악을 크게 틀어 놓고 공동의 의식이라도 올리는 것처럼 다 함께 체조를 하는 모습은 마치 사이비 종교의 교주와 그 추종자들처럼 보였을지도 모른다. 이렇게 하마다 민박에서의 생활이 어느 순간 지리멸렬해졌을 때 결국 타에코는 현재의 위치에서 정반대 편에 있는 마린 팔라스라는 곳으로 거처를 옮기기로 한다.

그러나 그렇게 찾아간 마린 팔라스에도 자신이 원하는 온전한 휴식은 없었고, 일을 해야만 밥을 먹을 수 있는 노동이 기다리고 있었을 뿐이다. 〈안경〉에서는 이 장면에서 유일하게 익스트림 롱 숏으로 그 배경이 설정되고, 그 프레임 속에 갇혀 분주히 삽질하며 노동하는 사람들의 모습은 이 영화에서 가장 희극적으로 느껴진다. 노동으로 바쁜 일상을 벗어나 여유와 쉼을 찾아 떠나온 휴양지에서 삶의 보람을 느끼기 위해 또다시 중노동을 자진해서 하고 있기 때문이다. 어디에도 편히 몸을 뉘어 온전히 쉴 곳이 없다는 것을 알게 된 타에코는 그때에야 비로소 자신이 진짜 원했던 것이 무엇인지를 돌아보게 된다.

　그러한 깨달음의 순간 사쿠라의 도움으로 다시 하마다 민박으로 돌아오는 타에코는 그동안 인생의 무게를 지고 다니는 듯 끌고 다녔던 큰 여행 가방도 과감히 버린 채 오롯이 스스로에게만 집중하기 시작한다. 이 과정에서 타에코가 버린 것은 여행 가방뿐만이 아니다. 그동안 선을 긋고 지냈던 사쿠라에게 다가간 것은 사쿠라에 대한 경계를 풀었다는 것이며, 결론적으로 그것은 하마다 민박의 사람들에 대한 경계심 또한 버렸음을 의미한다. 즉, 타에코가 사쿠라의 자전거에 올라타는 순간은 마침내 하마다 민박의 사람들과 가족이 되기로 결심하는 가장 결정적인 순간이기도 한 것이다.

　한편, 하마다 민박의 사람들은 누구도 사쿠라의 자전거를 타본 적이 없었기에 타에코를 부러워한다. 그만큼 사쿠라의 자전거가 타에코에게 부여한 의미는 매우 큰 것이다. 그러나 타에코와 달리 하마다 민박의 사람들은 사쿠라의 자전거를 굳이 탈 필요가 없을 것 같다. 그 이유는, 사쿠라의 자전거를 통해 타에코에게 가족의 의미가 부여되는 것을 볼 때 이미 하마다 민박의 사람들은 모두 가족 공동체의 구성원으로 존재하고 있었기 때문이다.

모자이크로 재탄생된 사진 조각들

　마무리하면서, 영화사에서 가족은 소재 그 자체만으로 지리멸렬하고 그로 인한 피로감이 크기만 하던 때가 있었다. 한국 영화만 놓고 본다면, 그러한 원인의 중심에는 늘 여성들을 구시대적 가부장제

〈안경〉 길을 잃고 헤매던 타에코가 사쿠라의 도움으로 이동하고 있다

의 굴레에 가둬 둔 채 대를 잇는 도구로만 여기며 물레나 돌리게 했던 남성들이 있었다. 80년대 들어 이러한 영화 속 남성들은 점차 고개를 숙이기 시작했고, 90년대에는 그러한 남성들이 괴로움을 토로하다 마침내 가장으로서의 아버지는 누구에게도 인정받지 못한 채 쓸쓸한 등을 보이며 은막에서 퇴장했다.

　한국 가족 이야기의 화두인 동시에 갈등의 불씨였던 가부장적 인습이 사라지자 그간 가족을 다루는 영화의 미덕이라도 한 듯 반복되던 눅눅한 눈물바람도 설 자리를 잃었다. 덕분에 한국 영화 속 가족들은 습한 클리셰에서 자유로워졌지만 현실 속 가족의 붕괴는 더욱 가속화되었고, 그러한 현실을 외면한 영화 속 가족의 모습은 이내 그 자체로 구태의연함의 산물이 되었다.

　그러한 점에서 오기가미 나오코의 〈안경〉은 놀랍다. 혈연중심의 가족제도를 벗어나 아무런 관련이 없는 낯선 타인들이 만나 자연스럽게 끈끈한 대안적 가족 공동체를 이뤄나가는 과정을 담백한 시선으로 보여주기 때문이다. 이들은 모두 어느 집 가족사진에 존재했던 한 조각들이었지만 이제는 그 액자를 벗어나 각각의 이질적인 조각들로 존재하게 되었다. 그리고 그러한 이질적인 조각들이 하마다 민박이라는 공간을 중심으로 모여 마침내 또 다른 가족사진을 만들어냈다. 이렇게 본다면 이들의 가족사진은 각자의 조각으로 직조한 모자이크에 가깝다. 그러한 모자이크는 가까이서 볼 때 각각의 조각들이 지닌 개성이 감춰지지 않지만, 일정한 거리를 두고 전체적으로 조망할 때는 제법 조화롭게 그럴듯한 작품이 된다.

어쩌면 이것이 우리 시대에 필요한 가장 현실적인 가족 공동체일지도 모르겠다. 이렇게 영화 〈안경〉은 새로운 가족 공동체의 가능성을 알리며 눈물과 분노로 재현되기 일쑤였던 전통적 가족제도의 한계를 산뜻하게 넘어섰다.

〈안경〉 주요 캐릭터들이 한 식탁에 둘러앉아 가재를 먹고 있다

8장
<플로리다 프로젝트>
: 가족은 꼭 함께 살아야 하는가?

서성희

〈플로리다 프로젝트〉 포스터

〈플로리다 프로젝트〉(션 베이커, 2017)는 부모로서 아이를 어떻게 키워야 하는지 돌아보게 하는 영화이다. 영화의 주인공 무니(브루클린 프린스)는 플로리다에 있는 꿈과 환상의 테마파크 '디즈니월드' 건너편 모텔 '매직 캐슬'에 산다. 디즈니월드 주변의 알록달록한 환경 속에서 귀여운 6살 꼬마 무니는 친구들과 하루하루 신나게 살고 있다. 화려한 색감, 내리쬐는 강렬한 햇살, 무니의 눈에 비친 디즈니월드 주변의 풍경은 모험으로 가득한 세상이다.

아이를 키우는 환경, 공간의 아이러니

영화가 시작되고 한동안은 아이들이 노는 모습만 나온다. 사랑스러운 무니의 눈에 비친 세상은 모험으로 가득한 아름다운 세계이다. 아이들의 생생한 일상을 따라 한참을 가다 보면 조금씩 불안해지기 시작한다. 점점 더 장난의 수위가 세지고, 천진난만한 아이들이 아니라 눈치 빼꼼한 잔망스러운 아이들의 일상을 보고 나면 근심과 탄식이 절로 나온다.

천진난만한 6살로 보아주기에는 장난의 수위가 높다. 남의 차에 침을 뱉거나 어린아이가 입에 담지 못할 말을 어른에게도 거리낌 없고, 무니와 친구들은 구걸을 해 아이스크림을 사 먹기도 한다. 거짓말을 하는 구걸마저도 "공짜 아이스크림을 먹을 수 있어"라며 그저 재미있는 장난으로 여길 뿐이다. 빈 건물에 불을 질러 건물 하나를 태워 먹기도 하지만 그 일로 어떤 제재도 받지 않는다.

〈플로리다 프로젝트〉는 장난기 가득한 6살 가난한 아이들이 방치된 채 놀고 있는 길 건너 바로 앞에 디즈니월드가 있는 공간의 아이러니를 다루고 있다. 이 영화의 제목인 '플로리다 프로젝트'는 이중적인 의미가 있다. 1965년 월트와 로이 디즈니는 플로리다의 주지사인 헤이던 번스와 함께 '플로리다 프로젝트'를 발표한다. 플로리다 프로젝트라 이름을 붙이고 월트가 플로리다주의 올랜드 부동산을 대량으로 매입했는데 캘리포니아의 디즈니랜드와는 차별화된 무언가를 만들고자 한다. 현재 세계 최대 규모의 월트 디즈니 월드로 4개의 테마파크와 2개의 워터파크, 32개의 호텔과 리조트가 있다.

1967년경 처음 디즈니월드가 세워질 때 이름이기도 한 '플로리다 프로젝트'는 당시 디즈니월드 특수를 노리고 주변 지역에 화려한 외양의 온갖 상점과 가족 단위 투숙객을 겨냥한 저렴한 모텔들이 우후죽순으로 지어졌다. 2008년 금융위기 이후 경기가 침체하고 상권

이 죽으면서 빈 모텔들은 점점 관광객이 아니라 주변의 극빈층이 월
세로 장기 투숙하는 임시거주지가 되었다.

이 당시 플로리다주에서 실시한 노숙자 지원 정책이 '플로리다
프로젝트'라는 명명되었다. 플로리다 프로젝트는 서브프라임모기지
사태 이후 미국에는 수많은 홈리스가 생겨났고, 집이 없는 사람들에
게 보조금을 지원하는 미국 정부의 복지 정책 이름이라는 이중적인
의미를 내포한다. 영화는 밝은 빛과 같은 디즈니 월드와 그 빛이 옆
에 드리워진 그림자와 같은 디즈니월드 뒤편 빈민층의 삶을 아름다
운 영상으로 적나라하게 그려낸다. 영화는 이 히든 홈리스들의 삶에
주목하고 있다. 히든 홈리스는 모텔 같은 곳에 장기 투숙하는 사람들
로 통계에 잡히지 않고 각종 지원에서 소외된 사람들을 말한다.

〈플로리다 프로젝트〉 디즈니 월드 주변 화려한 외양의 건물들

〈플로리다 프로젝트〉는 아름다운 미장센과 영상미가 단연 돋보
이는 작품이다. 연출을 맡은 션 베이커 감독의 독특한 연출력과 깊은

〈플로리다 프로젝트〉 디즈니 월드 주변 화려한 외양의 건물들

관계가 있다. LA 뒷골목 소외된 계층의 삶을 아이폰으로 찍은 초저예산 영화로 가장 주목할 만한 미국 독립영화 감독으로 평가받고 있는 션 베이커의 전작 〈탠저린〉(2015)에서도 독특한 색감과 영상미를 선사했다. 영화 〈탠저린〉에서는 감귤류의 일종인 과일을 칭하는 제목 그대로 영화의 주조색을 탠저린 색으로 설정해 독특한 영상미를 자랑하면서 LA 다운타운의 맨얼굴을 드러냈다.

〈플로리다 프로젝트〉에서는 사탕 가게 같은 알록달록한 색감으로 가득 찬 보랏빛 세상을 그리고 있다. 겉으로는 알록달록하고 판타스틱한 색감으로 치장하고 있지만 안을 들여다보면 비루한 삶을 사는 사람들의 일상이 보이는 공간의 아이러니를 제공한다. 디즈니월드 주변은 장난감 가게와 아이스크림 가게들이 즐비하다. 가게 건물들의 외양도 얼핏 보기엔 아이스크림이나 오렌지 모양으로 아이들이 살기 좋은 공간으로 느껴지기도 한다. 하지만 겉으로 보이는 것이 전부가 아니다. 감독은 전작 〈탠저린〉에서 탠저린 색 속에 살았던 사람들과 마찬가지로 〈플로리다 프로젝트〉에서도 보랏빛 속에 사는 사람들 모두 위험한 세상을 간신히 버티고 사는 사람들의 일상을 적나라하게 보여준다. 이곳은 아이들을 키우기 좋은 환경이 아니다. 어두침침한 무채색의 슬럼가였다면 단번에 아이들을 키우기 힘든 공간이라는 것을 금방 알 텐데, 보랏빛으로 치장한 매직캐슬은 진실을 숨기고 있는 공간이다. 영화는 화려한 겉모습 뒤의 진실을 보도록 안내한다.

디즈니월드 종일권의 가격은 164달러로 가족 단위로 놀러 오는 관광명소이다. 이 영화의 주인공인 아이들은 디즈니월드 바로 옆에 살지만 들어설 수 없는 공간이다. 아이러니하게도 돈이 없는 아이들에게는 디즈니월드와 그 주변의 상가는 자기들과 아무 상관없는, 눈길 한 번 주지 않는 가게이고 관광객들에게 동전 몇 푼을 구걸할 수 있는 공간일 뿐, 놀 수 있는 곳도 아이들을 보호해줄 수 있는 공간도 아니다. 디즈니월드 관광객만을 위해 만들어진 동네에서 주인공 무니는 모험을 하며 아이들과 신나게 놀러 다니지만 결국 사고를 치고 다니는 놀이로 변할 수밖에 없는 상황이 그려진다. 심지어 모텔로 아동 성범죄자가 찾아오기도 할 만큼 이곳은 방치된 공간이다.

아이들이 노는 모습 위로 한 번씩 헬리콥터 소리가 들린다. 미국은 넓은 나라이고 기꺼이 헬리콥터라는 비싼 운송비용을 지불하고 디즈니월드로 오는 사람들을 실어 나르는 소리이다. 헬리콥터는 엄청난 소음을 일으킨다. 헬리콥터를 타고 놀러오는 아이들과 디즈니월드 안은 들어가 볼 생각도 못 하고 그 주위에서 불장난을 하며 노는 아이들의 상황을 비교했던 의도와 함께 그곳이 주거지역으로 유해한 환경이라는 걸 소음 공해를 통해서도 알 수 있다.

무지개 저 너머, 꿈과 희망의 디즈니월드 건너편에 가난에 허덕이며 방치된 아이들이 사는 공간을 통해 영화는 전달하고자 하는 메시지를 명확하게 한다. 〈플로리다 프로젝트〉의 영상은 감성적이고 아름답다. 아이러니하게도 아름다운 공간 속 현실은 전혀 그렇지 않다. 스크린에 보이는 환상적이고 아름다운 공간과 스크린 안의 처절한 현실이 대비되어 더 아프게 느껴진다.

모성애와 양육

이 영화는 천진난만한 악동 같은 어린아이의 시선으로 세상을 냉정하게 그릴 수 있다는 사실을 보여준다. 어린아이를 잔뜩 등장시키면서 사실주의를 지켜낸 뛰어난 영화이다. 무니와 친구들이 노는 방식은 여느 아이들과 달라 보인다. 6살 아이들은 이 동네로 새로 이사 오는 사람의 차에 침을 뱉고 욕도 거침없이 한다. 무니를 돌보는 엄마도 여느 엄마와는 달라 보인다. 어린 무니가 있는 방안에서 담배를 피고 종일 파자마를 입고 침대에서 뒹굴 거린다. 돌봐주는 친구 아들 스쿠티와 무니가 장난을 심하게 쳐도 심지어 거짓말을 해도 혼내지 않는다. 그것이 잘못된 행동이라고 생각하지 않는지 오히려 같이 즐거워하며 금지된 행동을 함께한다.

장난기 가득한 얼굴, 악동 같은 이미지, 어른들조차 무섭지 않은 아이들, 아무렇지도 않게 구걸하고, 거짓말을 밥 먹듯 하고, 욕도 거칠게 하는 영악한 모습, 장난의 수위가 점점 높아진다. 그리고 일을 저지르고는 서로 엄마에게 말하지 말자고 단단히 약속도 한다. 이곳 디즈니월드 주변은 부모와 사회로부터 보호받지 못하고 방치된 아이들이 사는 지역이다.

무니의 시선으로 바라본 세상은 알록달록 너무나 예쁜 색감의 건물들과 조형물로 뒤덮여 있는데 현실은 아름답지 않다. 아동 성추행범이 아이들을 노리며 어슬렁거리고, 생계를 위해 엄마는 매춘을 하고, 세상 전부였던 친구와는 헤어져야 한다. 플로리다의 맑은 날씨와 디즈니월드 일대의 컬러풀한 색감과 판타스틱한 공간을 배경으로 벌어지는 일이라 마음을 더 심란하게 한다.

무니 엄마 핼리는 제대로 싸움꾼으로 나온다. 핼리 역의 '브리아 바네이트'는 연기 경험이 전혀 없었는데, 신선한 얼굴을 찾고 있던 션 베이커 감독이 '인스타그램'을 통해 캐스팅했다고 한다. 내일이 없는 듯 사는 그녀는 자신의 일상이 언제든지 무너질 줄 알고 있는 불안한 상태이다. 최선을 다해 무니를 키우려고 하지만, 어린 딸에게 자신의 생활태도와 경제적, 문화 자본 등이 고스란히 전달되는 안타까운 상황을 연기한다.

〈플로리다 프로젝트〉 철없는 엄마 역의 '브리아 바네이트'

　엄마인 핼리는 딸 무니와 이별을 직감하면서 리조트 뷔페에 가서 만찬을 즐기고 논다. 핼리가 무니를 얼마나 사랑하는지 알 수 있다. 하지만 온몸에 문신을 하고 온종일 담배를 피우며 하는 일 없이 무기력하게 살며 일할 생각도 일자리도 없어 보인다. 30시간 일하는 직장을 찾으면 보조금을 받을 수 있는 상황인데 일자리가 없다.

　핼리가 낮에 특별히 일도 나가지 않고 매일 집에서 음악을 크게 틀어 놓고 파자마 차림으로 지내는 시간이 길어질수록 모텔 방세가 자주 밀리게 되고, 방세를 독촉 받지만 핼리는 일정한 경제 활동을 하지 않는다. 같은 모텔에 투숙 중인 스쿠티의 엄마 애슐리가 식당에서 웨이트리스로 일하면서 돈을 버는 거와 달리 핼리는 딸과 거리로 나가 리조트 시설에 무단 침입해 불법으로 향수를 팔기도 하고 딸을 이용해 돈을 구걸하기도 한다.

핼리는 도매가로 향수를 싸게 사 리조트 안에서 사람들에게 팔다가 쫓겨나기도 하고, 놀이공원의 입장할 수 있는 팔찌를 훔쳐 팔기도 한다. 이 일을 어린 무니와 함께한다. 핼리가 하는 행동은 비도덕적이고 불법적인 행동이지만 어린 엄마인 핼리도 6살인 무니도 무엇이 옳은지 그른지 판단하지 못한다. 자본주의의 화려함 뒤편에서는 여전히 핼리가 무니를 낳고 무니가 또다시 핼리를 낳는 비극이 반복되고 있다는 사실을 냉정하게 보여준다.

〈플로리다 프로젝트〉 장난거리를 찾는 천진난만한 악동들

여기에 나오는 아이들은 천하의 악동 짓을 한다. 부모의 돌봄이 없는 아이들은 하루 종일 거리를 헤매고 돌아다닌다. 남의 차에 침을 뱉으며 좋아서 낄낄거리고 아무 죄책감 없이 말대답을 한다. 잔돈을 구걸하고 아이스크림을 사 먹기 위해 거짓말을 하며 폐가에 들어가 불을 내기도 한다.

놀거리가 없는 아이들은 사람들을 상대로 장난을 치고, 팁을 받기 위해 밤중에 모텔을 돌아다닌다. 입에 욕을 달고 사는 밉살스러운 아이들, 아이들이 이렇게 거칠고 이악스러운 이유가 바로 그 아이가 보호받아야 하는 가장 큰 이유이다. 아동 폭력에서 가장 손쉬운 것은 바로 아이 방치다. 영화는 사회나 부모가 아이를 그냥 내버려 두는 방치라는 폭력에 시달리는 아이들을 어떻게 보호할 것인가를 묻고 있다.

아이들을 키우기에 좋지 않은 모텔이라는 환경, 아이를 방임하는 엄마, 무니의 엄마 헬리는 좋은 엄마인가, 옆방에서 성매매를 하는 엄마 옆에서 아이를 키우게 하는 게 맞는지, 분리시켜야 하는지 깊은 고민에 잠기게 한다. 비 오는 날, 엄마와 무니가 노는 장면을 보면 세상에 그 어떤 사람도 무니한테 엄마만큼 사랑을 줄 사람은 없겠다는 생각이 든다. 하지만 책임감 없는 엄마, 남에게 피해를 끼치는 장난을 치는데도 제재를 가하지 않는 엄마를 보다 보면 고민이 몰려오기 시작한다. 이 쉽지 않은 결정에 쉬운 답을 내리지 않는 것이 이 영화의 미덕이기도 하다.

엄마의 품격

무니는 엄마와 함께 구걸하고 사기도 친다. 딸에게 그렇게 하라고 직접적으로 가르친 건 아니지만, 아이는 자라서 엄마의 무절제한 행동을 따라 하게 될 가능성이 크다. 결정적으로 화재 사건이 일어났을 때 이미 장난의 수위가 높아진 딸이 저지른 방화임에도 불구하고 엄마는 무관심과 아이에 대한 방치로 아무 일 없었다는 듯 그냥 지나간다. 잘못을 저지르고도 아무런 제재도 받지 않은 무니는 이후 장난 수위가 더 커져 타인에게 더 큰 피해를 입힐 수 있겠다는 불길한 예감이 들게 한다.

딸과 함께 모텔에서 살아야 하는데 더 이상 돈을 구할 수 없자 엄마 핼리는 매춘을 하게 된다. 무니는 엄마가 돈을 구하다 결국 매춘하게 되는 과정을 고스란히 지켜봤고, "또 오줌 싸고 싶대?"라며 6살 아이의 방식으로 엄마의 매춘을 정확하게 인지하고 있다. 엄마인 핼리는 성관계를 맺는 장면이나 소리를 들려주지 않기 위해 성매매를 하는 날이면, 무니를 다른 공간인 목욕탕의 욕조에 있게 하고 음악을 크게 틀어 놓지만, 무니는 성매매하러 온 남자의 디즈니월드 입장권까지 훔쳐 팔아 마트에서 장을 보는 과정을 옆에서 자세히 보았다. 아이는 아마도 이런 일련의 과정을 죄의식 없이 그대로 받아들이게 된다.

사회에는 일정부분 지켜야 할 선이 있다. 핼리는 그 선을 넘는다. 딸과 헤어질 것을 직감한 핼리는 마지막 만찬을 즐기러 리조트 식당에 들어간다. 테이블로 직원이 와서 몇 호실에 투숙하는지 묻자 "323호요"라고 대답한다. 만약 그 호실의 투숙객이 식사를 하고 있었다면, 거짓말이 들켜 엄마는 딸이 보는 앞에서 망신을 당하고 쫓겨났을 것이다. 헬리는 엄마가 지켜야 할 최소한의 품격을 무너뜨릴 수 있는 아슬아슬하고 안타까운 상황을 자꾸 만든다.

애슐리가 일하는 동안 아들 스쿠티를 맡기는 건 아이가 잘 자랄 수 있도록 위험한 일을 못 하게 하고 아이가 해서는 안 되는 일도 못 하게 어른으로서 훈육을 해달라는 부탁이었다. 하지만 헬리는 아이 돌봄을 제대로 하지 못한다. 애슐리가 스쿠티를 맡기지 않자 식당에 찾아가 감정적으로 격렬하게 반응하고, 음식을 모두 내팽개친다. 급기야 친구였던 애슐리에게 듣기 싫은 말을 들은 후에는 폭력을 행사한다. 감정적이고 옳고 그른 행동에 대한 판단이 서지 않는 애어른 헬리가 아이를 제대로 돌보는 건 쉽지 않아 보인다. 몸만 어른이지 헬리야말로 도움을 받아야 할 애어른인지도 모른다.

〈플로리다 프로젝트〉관객처럼 지켜보는 인물 바비

부모는 좋은 친구 이전에 아이의 일상을 제대로 파악해야 하는 사람이고, 좋은 보호자이고, 좋은 선생이어야 한다. 안타깝게도 엄마 헬리는 무니에게 좋은 친구이긴 하지만, 좋은 엄마라고 볼 수 없다.

　　오히려 모텔 관리자인 바비(윌렘 데포)는 아이들에게 깊은 연민의 시선을 보내고 유일하게 무니를 돌보는 사람이다. 가슴을 내놓고 일광욕을 즐기는 여성에게 아이들이 보니까 못 하게 말리거나, 페인트칠을 하다가 소아성애자로 보이는 사람이 나타나자 달려가 제재를 가하는 것도 바비다. '보랏빛' 페인트가 떨어져 바닥이 엉망이 되었는데도 아랑곳하지 않고 바비는 아이들을 구하러 달려간다. 바비는 선량한 어른이고 마음이 따뜻한 사람이다. 하지만 바비는 가족이 분리되는 상황을 무기력하게 지켜볼 수밖에 없는 외부자이며 관객의 입장이다. 영화는 동정을 구하며 눈물을 흘리거나 손쉽게 세상을 구하는 법을 말하지 않는다. 바비가 느끼는 연민 정도가 일반 관객이 할 수 있는 전부다.

엔딩 장면

　　무니가 이 동네와의 이별을 직감하고 퓨처랜드에 사는 절친한 친구인 젠시를 찾아간다. 그리고 젠시의 손을 잡고 처음으로 디즈니월드 안으로 뛰어 들어간다. 둘은 진짜 디즈니월드에 있는 매직캐슬을 향해 달려간다. 하지만 디즈니월드의 마법의 궁전도 허상에 불과하다. 과연 아이들에게는 어떤 미래가 기다리고 있을까? 현실에서 이 둘은 결국 헤어질 것이며, 무니의 가정은 해체되어 엄마와 헤어져 살게 될 거다. 결국 이 둘은 현실로 돌아와야 한다.

〈플로리다 프로젝트〉 무지개를 함께 보는 무니와 절친 젠시

디즈니월드 건너편 가난 속에 살아가는 아이들의 이야기를 통해 6살 무니가 바라본 무지개 건너편에는 무엇이 있을까? 젠시의 손을 잡고 달려간 곳은 진짜지만 또 하나의 가짜인 디즈니월드 속 마법의 궁전일 뿐이다. "내가 이 나무 왜 좋아하는지 알아? 쓰러졌는데도 계속 자라니까"라는 무니의 말처럼 이 아이들도 계속 자랄 것이다. 무니와 같이 절망적인 상황에서 진짜 매직캐슬을 향해 같이 달려 주는 사람이 있다면 무니의 현실도 그렇게 어둡지만은 않아 보인다. 영화는 세상을 구하는 방법을 손쉽게 말하지 않고, 오히려 극장 문을 나서면서 영화가 제시한 문제들을 더 곱씹게 한다.

영화 〈플로리다 프로젝트〉는 '디즈니월드 건너편'에 대한 '숨은 홈리스'들과 관련된 문제들을 재조명해 관련 문제 해결에 대한 질문을 던졌다. 아이들의 시선을 따라가면서 리얼리즘을 잃지 않는 우아

한 영화이면서 극장 문을 나선 후 어른스러운 고민을 하게 하는 좋은 영화이다. 제대로 된 보살핌을 받지 못해 자신만의 전쟁을 치르는 아이들의 이야기, 모든 아이에게 친절하고 따뜻한 세상이 되기를 바라는 〈플로리다 프로젝트〉였다.

제3부

그러므로, 가족

9장
<기생충>
: 한 지붕 세 가족의 비극적 탄생

정문영

〈기생충〉: 파국의 시대의 새로운 버전의 한국 가족영화

칸의 황금종려상을 비롯하여 영국과 미국 아카데미상, 골든 글로브상 등을 비롯한 여러 유명 국제 영화제에서 최우수 작품상과 감독상 등을 석권한 〈기생충〉(봉준호, 2019)은 한국 영화 100년사의 기념비적인 영화라는 평가를 받아 마땅하다. 그러나 전대미문의 성과를 가져온 이 영화는 "한국 영화 문화의 윤리성과 도덕성에 대한 불감증과 위기"를 단적으로 보여주는 사례로 꼽히기도 한다. 대부분의 한국 관객들이 영화 속 가난을 소비하고 심사하고 즐기는 국제 영화계 인플루언서들의 취향을 '리스펙'하면서, "특별하면서도 공감이 가는 재미있는" 가족 이야기를 다루는 한국 영화로 기꺼이 수용하고 있는 작금의 현상이 개탄스럽다는 것이다. 따라서 이 영화는 비록 블랙코미디로 가족 이야기를 다루고 있지만, "한국인의 윤리와 도덕성이 무너진 영화"로 할리우드 영화를 한국사회에 이식한 번안 작품이지 한국 영화, 특히 한국 가족영화는 아니라는 극단적인 평가를 받기도 한다. 그러나 이 영화는 '신성 가족'을 전제로 한 기존 가족영화와는 달리 '특별한' 한 지붕 세 가족 이야기를 통해 새로운 한국 가족영화의 탄생을 보여주고 있다.

〈기생충〉 포스터

〈기생충〉은 가족 자체와 가족주의 담론에 대한 성찰에 관심을 둔 가족영화는 아니다. 들뢰즈와 가타리가 가족은 자율성이 보장된 소우주가 아니라 이미 가족적이지 않은 단절들로 채워져 있는 탈중심화된 영역이라고 주장하듯이, 이 영화의 가족들 또한 기존 가족주의 담론이 전제로 하는 신성 가족에 기초하지 않는다. 이들은 IMF를 비롯한 경제위기와 다양한 파국적 상황이 횡단하며 만들어낸 단절과 간극들로 더욱 심화한 탈중심화를 겪고 있다. 이러한 탈중심화된 가족 이야기를 다루는 선구적인 영화가 김태용의 〈가족의 탄생〉(2006)이다. 대부분의 대중적 가족영화들이 여전히 신성 가족을 찬미하지만, 이 영화는 가족 외적인 단절들로 해체된 가족의 이야기를 통해 가족 자체에 대한 진지한 성찰과 함께 수직적이 아니라 수평적 관계를 맺는 특별한 '가족의 탄생'을 발견하도록 유도하는 새로운 가족영화를 탄생시켰다.

그러나 〈기생충〉은 가족 자체가 아니라, 봉준호 감독도 말했듯이, "출발 자체가 가족"인 영화로, "기묘한 인연으로 얽히는 두 가족의 이야기", 게다가 또 하나의 숨어 사는 가족을 더해, 세 가족의 이야기를 다룬다. 이러한 가족들의 이야기를 통해서 이 영화는 수평적 관계를 절대 맺을 수 없는, 즉 한 지붕 밑에서 결코 공존할 수 없는 '한 지붕 세 가족의 비극적 탄생'을 보여주는 새로운 버전의 한국 가족영화를 창조하였다. 1990년대 서민드라마이자 국민 드라마인 〈한 지붕 세 가족〉(1986~1994)은 수직적 위계가 아니라 수평적인 공생과 상생을 추구하는 '한 지붕 세 가족'의 이야기를 다뤘다. 반면에 〈기생충〉은 후기 자본주의 사회가 초래한 가족 내뿐 아니라 양극화된 가족들 사이의 단절과 간극을 부각해 공생과 상생은 커녕 가까이 하기엔 너무도 위험한 한 지붕 세 가족에 대한 특별한 가족 이야기를 통해 우리 사회가 직면한 파국의 현실을 적나라하게 보여준다.

우리 사회는 현재 글로벌 경제 위기를 비롯하여 팬데믹, 테러와 전쟁과 같은 돌발사태의 재난에 이르기까지 수많은 파국들의 끊임없는 위협을 받고 있다. 물론 이러한 재난들은 우리가 최선을 다해 대처해야 할 파국임은 틀림없지만, 우리가 직면한 현실적인 파국은, 지젝이 역설하듯이, 아도르노와 호르크하이머가 파악한 "계몽주의의 최후의 파국적 결과"로서의 "관리되는 세계"가 도래한 것이다. 그리고 더 궁극적인 파국은 〈기생충〉의 결말처럼 "'관리되는 세계'가 아무런 '존재론적 파국'도 없이 '정상적인' 운영이 지속되고 있다"는 사실이다. 박동익 사장(이선균) 저택에서 벌어진 비극적인 참극에도 불구하고 독일인 글로벌 기업 사장 가족이 이사를 오고, 지하에는 근세(박명훈) 대신 기택(송강호)이 기식하는 것으로, 아무런 위기도 없이 모든 것이 다시 정상으로 돌아가기 마련이라는 것을 이 영화는 보여주고 있다. 이러한 맥락에서 보면, 선 긋기와 구별 짓기를 강요하는 관리되는 세계의 불변성을 유지하는 현행 구조적 체제 내에서는 이제 더 이상 어떤 변화나 미래에 대한 희망도 가질 수 없음을 이 영화가 확인시켜줄 뿐이라는 지적은 타당하다. 그러나 이러한 냉담하고도 부정적인 주장은 역설적으로 현 체제에 내포될 수 있는 "가능한 것(the possible)"의 한계를 초월하는 "잠재적인 것(the virtual)"의 현실화(actualization)에 대한 필요성을 오히려 강력하게 시사할 수도 있다.

부자 가족과 가난한 가족

　새로운 차원의 불평등과 이로 인한 수많은 난제를 우리에게 던져주고 있는 세계화 시대를 맞아 GDP 10위권에 진입한 한국 사회는 특히 최근 팬데믹 사태를 겪으면서, 중산층이 사라지고 사회계층이 더욱 양극화되는 현상을 겪고 있다. 치킨 체인점과 대만 카스텔라 사업으로 망한 기택네와 채권자들에게 쫓기는 신세가 된 신용불량자 근세네는 자본의 세계화 흐름에 기초한 시장 자본주의 체제에서 낙오한 사회적 약자, 루저 집단에, 그러나 쪽박을 찬 이들과는 달리 IT 사업으로 대박이 난 박 사장네는 사회적 강자 집단에 각각 속한다.

　이처럼 양극화된 집단은 지배와 피지배 계급의 위치에 처하게 될 수밖에 없다. 그러나 기택과 박 사장 가족 사이의 지배 관계가 강압에 의해서가 아니라 경제적, 문화적 수단에 의해 암묵적으로 일어나기 때문에 양쪽 집단 모두 그들 사이의 경제적, 문화적 차이가 계급적 위치보다는 재능이나 물질적, 사회적 성공 같은 개인적 특성에 의한 것이라고 간주하는 "체계적 오인"을 범하고 있다.

　특히 기택과 근세 가족은 그들이 현실을 오인하고 있다는 것을 알지 못할 뿐 아니라 오히려 그 오인을 올바른 인식이라고 믿으며 행동함으로써 계급 체계의 정당화와 재생산에 공모하는 결과를 초래한다. 예컨대 기택 식구들은 박 사장 식구들이 모두 착한데, 그 이유는 부자이기 때문이며, 따라서 돈이 있으면 착해질 수 있다고 믿는다. 사실 이 영화에서 박 사장은 갑질을 하는 부류는 아니고, 비교적 상식적이고, 피고용인들에게 선을 지키기를 요구하지만, 나름대로 선을 지키는 예의 바르고 세련된 상류층 부자로 등장한다. 박 사장 저택의 지하에 몰래 숨어 사는 근세는 "근세의 명예의 전당"에 성공한 사람으로 그를 모시고 있는데, 그가 계단을 오를 때마다 조명을 밝히고 "리스펙"을 외치며 존경하고 신격화까지 한다.

〈기생충〉 포스터

그러나 박 사장은 공자(孔子)가 강조하는 예(禮)를 실행할 수 있는 마음의 바탕인 인(仁)의 덕목을 갖춘 양반은 전혀 아닐 뿐 아니라, 서로 더불어 살기 위해 갖추어야 하는 예의(manner)를 '관습 또는 풍속(manners)'으로, 구별 짓기 수단으로 전유하는 위선적인 상류층 신사로 등장한다. 사실 그의 죽음은 묻지 마 살인이 아니라, 봉준호 감독이 다루고자 한 중요한 문제 "서로 간의 예의(禮儀)"와 "인간 존엄"에 어긋나는 그의 끔찍한 모욕적 행위에 대한 대가를 치른 것으로 설명될 수 있을 것 같다.

가난한 가족의 비체화와 구별 짓기

영화 〈기생충〉의 제목은 학급 단체 대변검사, 구충제 강제 복용, 기생충 박멸 포스터 등, 옛 시절의 칙칙했던 냄새와 함께 감염공포에 대한 두려운 기억을 불러일으킨다. 가난의 냄새가 밴 루저 집단을 우리 사회에 퍼져있던 집단감염의 원흉으로 혐오와 박멸의 대상인 기생충으로 간주한 것은 이들을 "비체화"(abjection)한 것에 다름없다. 크리스테바에 의하면, 원시사회는 "비체화로 그들의 문화영역을 섹스와 살인의 대표자들로 상상되는 위협적인 동물 또는 동물성의 세계로부터 분리시켜 구별 짓기를 하였다"고 한다. 현대사회도 여전히 문화영역을 차별화하기 위해 가난한 자를, 기택이 박 사장을 죽이듯이, 숙주를 마침내 죽이는 무엄한 기생충으로 비체화하고 있다.

계급 사이의 구별 짓기를 문화적 자본과 연결된 아비투스(habitus)로 설명하는 부르디외에 의하면, 특정 계급의 문화적 취향(taste)은 선천적인 어떤 것이 아니라 경험과 생활 속에서 획득한 후천적 성향이다. 따라서 취향은 "구분하고 평가하는 획득된 성향"이며 계급의 표식이 된다. 따라서 박 사장네 빈집에서 기택네 식구들이 벌이는 상류층 행세 파티는 그들의 행동이 보여주는 무의식적 성향, 즉 문화적 취향이 지배 계급의 "정당한 취향"(legitimate taste)과 현격히 격이 떨어지는 것을 보여줌으로써 계급 차이와 간극을 더욱 부각해 강조한다. 기택네에서 먹던 고등어 캔 안주 대신 여기선 푸아그라 캔을 꺼내 놓았지만 먹지는 않고, 고급 양주의 섬세한 향과 맛을 즐기는 대신에 온갖 종류의 술을 섞어서 마시고, 식구 중 가장 상류층에 어울릴 것 같은 기정(박소담) 또한 도그 푸드를 육포로 착각하고 먹는다. 이처럼 상류층 행세도, 상류층 취향도 즐기지 못하는 기택 가족의 상류층 문화 체험은 계층 간의 아비투스의 차이를 극명하게 보여줄 뿐이다.

반면에 충숙(장혜진)에게 한우 채끝살을 넣어 짜파구리를 만들어 달라고 해서 맛있게 먹는 박 사장 부인 연교(조여정)는 "상류층은 상류층과 하류층의 문화 모두를 자기 취향대로 섞어서 마음껏 향유한다"는 의미의 "문화적 잡식"을 즐길 줄 아는 상류층의 품격을 보인다. 교육과 수입 수준이 높을수록 고급과 대중적 취향 모두를 아우를 수 있는 더욱 다양하고 폭넓은 취향을 가지는 경향을 보인다는 연구 결과가 말해주듯이, 이처럼 지배계급은 선을 넘을 수 있는 특권을 누리지만 하류층은 기회가 주어져도 선을 넘는 것이 불가능할 따름이다. 그뿐만 아니라 아비투스의 차이, 구별 짓기를 위한 선은 피지배계급만 지키도록 강요받는다. 따라서 박 사장의 "선을 넘지 말라"는 반복되는 금기 요구는 그가 당연하게 행사할 수 있는 계급적 특권으로 간주한다. 그러나 반지하와 지하에 사는 기택네와 근세에 밴 가난의 냄새는 그의 요구에도 불구하고 선을 넘지 않을 수 없다.

〈기생충〉 갑자기 사라진 공짜 와이파이를 검색하는 기우

〈기생충〉의 오프닝 시퀀스는 기택 가족이 사는 어두컴컴한 반지하 주거 공간의 유일한 채광창을 응시하고 있는 카메라의 쇼트로 시작한다. 채광창을 프레임으로 한 바깥 거리 모습과 실내 천장에 매달아 놓은 빨래걸이에 걸린 양말 짝들을 담고 있는 첫 장면은 반지하 주택의 구조와 주거 환경의 특성을 잘 표출해준다. 채광창은 바깥 지상에 서 있는 사람의 발치에, 실내에 서 있는 사람의 눈높이쯤에 위치한다. 한여름 대낮에 닫힌 채광창으로 차단된 자동차 매연과 소음, 길바닥에 버려진 쓰레기와 오물 냄새, 장마철 실내 습기로 잘 마르지 않아 냄새날 것 같은 빨래로 영화는 처음부터 반지하 특유의 오묘한 냄새를 풍기며 시작한다. 박 사장네는 기택네 식구들에게 나는 역겨운 냄새를 지하철 안에서 맡았던 냄새, 행주, 무말랭이 냄새로 추측할 수 있을 뿐이지만, 기정이 말하듯이, 그 냄새는 반지하의 냄새이다. 전반부에 전개된 기택 식구들의 상류층으로의 진입 시도 과정을 함

〈기생충〉역류하는 오물을 닫아 막은 변기 뚜껑 위에 앉아 담뱃불을 붙이는 기정

축하는, 물난리로 침수된 기택네 반지하 집에서의 대피 소동 시퀀스는 그들의 지상으로의 상승 시도 좌절과 선을 넘는 냄새의 반격 가능성을 시사한다. 저지대라 수압이 낮아 정화조 바로 위에 설치된 변기로 오물이 역류하자 기정이 피하지 않고 뚜껑을 닫아 막은 채 그 위에 앉아 쓸쓸하게 담배에 불을 붙이는 장면은 문광(이정은)이 뇌진탕으로 변기에 토하는 장면과 겹치면서 두 여자의 죽음을 암시하기도 한다. 이 장면에서 역류한 똥물은 이제 가난의 냄새가 억압을 통해 더 지독한 악취를 풍기며 선을 넘어 반격할 수 있음을 시사한다.

계단 영화: 지하로의 추락에 대한 공포

〈기생충〉 유명 건축가가 설계해서 지은 박 사장의 고급 저택

박 사장네는 고지대에 건축가 남궁현자가 지은 자연채광을 한껏 누리는 하이엔드 럭셔리 저택에 살고 있다. 그러나 그 집 지하에는 집주인도 모르는 지하실 방공호가 있고 거기엔 신용불량자 근세

가 숨어 살고 있다. 이러한 구조의 박 사장 집과 기택의 반지하 집을 배경으로 한 〈기생충〉은 오르내리는 계단들, 그리고 '가장 아름다우면서도 서러운 장면'으로 꼽히는 폭우 속 저지대 동네 장면에 이르기까지 기택네 가족이 고지대 부자 동네에서부터 걸어오며 타고 내려온 수많은 계단이 나오는 장면이 유난히 많아 '계단 영화'로 불린다. 이 영화를 찍을 때, 감독에게 가장 많은 영감을 준 영화는 1960년대 계단 영화 김기영의 〈하녀〉(1960) 이다. 여기서 이층집의 계단은 중산층 진입 성공의 상징이자 동시에 폭력적인 하강 벡터를 발생시키는 하녀(이은심)의 유산, 복수의 살해, 자살 등의 사건들이 일어나는 영화의 핵심적인 장소이다. 그러나 봉준호의 계단 영화 〈기생충〉에서는 2층을 오르내리는 계단이 아니라 지하 방공호로 내려가는 숨겨진 계단이 추락과 타락의 폭력이 행사하는 중요한 의미를 갖는 공간이 된다.

〈하녀〉의 피고용인 하녀가 어느 정도 선을 넘을 수 있는 존재로 근대화 초기 부르주아 가정의 구조에 위협을 가할 수 있다면, 박 사장네가 고용한 기사, 가정부, 과외교사 등은 그들이 원하는 서비스 제공자로만 존재할 뿐, 그 이상의 선 넘기가 전혀 허락되지 않는다. 따라서 이 영화에서는 의미심장한 사건들이 상류층으로의 진입을 상징하는 계단이 아니라, 반지하와 지하 가족들이 격돌하는, 상류층은 전혀 모르는 지하로 내려가는 계단에서 발생한다.

사실 박 사장네는 끝까지 이 두 가족의 가족 관계와 정체, 지하 공간의 존재와 거기에서 무슨 일이 일어나고 있는지를 전혀 모른다. 초대 손님들도 지하에서 올라온 근세가 정원 파티 장소에 피를 흘리며 식칼을 들고 등장했을 때도 그의 존재를 인식하지 못한다. 끝내 그는 갑자기 파티장에 난입한 노숙자로만 알려질 뿐 그의 정체는 밝혀지지 않고 사라진다. 이처럼 이 영화는 우리 사회 상류층은 하류층의 존재를 인식하지 않고 있으며 그들과의 소통에 철저하게 무관심하다는 사실, 그리고 박 사장의 저택으로 상징되는 상류층의 세계는 그 심연 속에 "우리 시대의 복잡하고도 적나라한 모습"을 은폐시킨 채 그 위에 세워진 것임을 보여주는 계단 영화이다. 그리고 마침내이 계단 영화는 그 심연에서 분출된 폭력적 충동에 휩싸인 근세와 비체화된 그에게 밴 역겨운 냄새의 과격한 선 넘기로 한 지붕 세 가족의 비극적 탄생의 활극으로 전환된다.

한 지붕 세 가족의 생일파티

〈기생충〉 포스터

기택네를 수재민으로 만든 간밤에 온 폭우 덕분에 미세먼지가 걷힌 햇빛 가득한 일요일을 맞아 박 사장네는 연교의 상류층 문화적 취향에 따라 다송(정현준)의 호화스러운 생일파티를 준비한다. 그러나 정원 생일파티의 주요 테마 인디언 놀이를 위해 고용된 악당 인디언을 연기하는 배우처럼 갑자기 파티장에 난입한 근세에 의하여 다송의 생일파티는 순식간에 식칼, 바비큐 도끼와 꼬챙이를 무기로 한 야만적인 혈투로 '한 지붕 세 가족'이 탄생하는 잔혹한 생일파티로 급변한다.

지하에서 기생충처럼 산 근세는 가장 기본적인 인간적 충동인 '노예성'이 언제든 분출될 수 있는 인간 동물이 되었다. 문광의 죽음은 그에게 내재한 그 충동을 분출시켜 그를 살인을 하고 살해당하는 '폭력의 먹이'로 만드는 죽음의 활극을 불러왔다. 지하에서 일어났던 근세와 기택 가족의 싸움이 지상에서의 혈투로 이어진 이 죽음의 활극은 역설적이지만 은폐되었던 두 가족은 그 존재가 가시화되는, 즉 죽음을 통해 탄생하게 되는 순간을 맞게 된다. 이와 같은 하류층 두 가족의 혈투와 탄생으로 끝날 수 있었던 파티는, 기택이 갑자기 박 사장을 식칼로 찌르면서, 마침내 공존할 수 없는 '한 지붕 세 가족'의 비극적 탄생으로 마무리가 된다.

죽어가면서도 근세는 박 사장에게 '리스펙'을 외치는데, 그 와중에도 그는 "나를 알아요?"라며 근세에게 선을 긋는다. 그러나 근세의 죽은 몸에서 나는 냄새는 과감하게 선을 넘어 그를 공격한다. 코를 막는 박 사장을 본 기택의 표정이 암시하듯이, 기택의 살인은 그의 모욕적인 선 긋기에 대한 분노와 인내심이 임계점에 도달하여 폭발한 행동이다. 사실 한 지붕 세 가족의 탄생을 가능하게 한 주역은 바로 상류층의 선을 넘지 말라는 금기 요구를 거부하고 선을 넘은 반지하와 지하의 냄새라고 할 수 있다.

그러나 한 지붕 세 가족의 비극적 탄생의 활극에도 불구하고 언론은 노숙자의 난동과 평소 온화한 성격의 운전기사의 묻지 마 살인

사건, 범인의 행방을 알 수 없는 미지의 사건으로만 다룰 뿐, 살해 동기와 사건의 전말에는 관심을 두지 않는다. 수사와 재판 과정에서도 세 가족의 얽힌 이야기는 밝혀지지 않는다. 죽은 박 사장, 그리고 바퀴벌레처럼 어둠 속으로 사라진 기택과는 달리 지하 가족 근세와 문광은 죽어서까지도 아무런 관심을 받지 못한다는 사실은 극단적으로 양극화된 상류층과 하류층의 단절을 의미한다.

기우의 주관적 의식과 카메라-의식

〈기생충〉의 엔딩 부분은 기우(최우식)를 보이스-오버의 화자로 하여 그의 시점에서 스토리텔링으로 전개된다. 혼수상태에서 깨어나면서 실소를 터뜨리기 시작하여 웃음을 멈추지 못하는 기우는 〈조커〉(토드 필립스, 2019)에서 허무주의적 범죄자 조커(Joker)가 된 느닷없이 웃음이 터지는 장애를 앓고 있는 아서(호아킨 피닉스)를 연상시킨다. 아서처럼 그도 이 세상이 말도 안 되는 조크투성이라는 것을 깨닫게 된 것이다. 그러나 돈을 많이 벌어 그 집을 사서 아버지를 구출하겠다는 그의 '새로운' 각오와 계획은 여전히 그가 "체계적 오인"을 벗어나지 못하고 있음을, 따라서 이 영화가 끝까지 우리 사회의 현실을 냉담하게 보여줄 뿐 어떤 변화나 탈주의 가능성을 시사하지 않고 있음을 입증한다. 그러나 기우의 주관적 의식이 이 영화의 의식, 즉 이 영화가 말하고자 하는 바는 아니다.

〈기생충〉의 엔딩은 기우의 주관적 의식을 보여주는 주관적 지각-이미지와 함께 그것을 변형시키는 "카메라-의식"을 인식하도록 관객을 유도한다. 〈기생충〉의 첫 장면과 마지막 장면은 카메라의 존재를 가장 확실하게 느낄 수 있는 장면들이다. 관객은 일단 첫 장면의 거울 이미지로 반복된 마지막 장면을 통해, 그사이에 일어난 비극적 사건에도 불구하고 일상의 현실 세계는 그대로 계속되고 있음을 확인한다. 서서히 카메라가 아래로 내려와 정지해서 전달할 방법이 없는 아버지에게 모스부호로 쓴 편지를 들고 있는 멍한 기우의 모습을 한동안 프레임 속에 담고 있는 장면에서 집요한 카메라-의식을 감지하게 된다. 기우의 주관적 입지와는 구별되는, 그를 냉담하게 억누르며 프레임 속에 담고 있는 카메라-의식은 그의 스토리텔링이 전제로 한 현 체제 내에서의 "가능한 것"의 불가능성과 한계를 부각하며, 그것이 대변하고 있는 진실에 충격을 줄 수 있는 다른 "스토리-텔링"의 가능성과 필요성을 시사한다.

봉준호 감독이 하고 싶은 말이 "영화 그 자체"라고 할 때, 바로 이 카메라-의식을 의미한다고 볼 수 있다. 따라서 '한 지붕 세 가족'의 특별한 가족 이야기를 하는 〈기생충〉은 영화 그 자체로 지배계급을 대변하는 진실에 충격을 가할 수 있는 스토리-텔링을 할 수 있는 새로운 버전의 가족영화를 탄생시켰다는 주장이 가능할 것이다.

10장
<암살> : 가족 해체와 민족 내분의 알레고리[1]

서곡숙

가족-민족의 상관관계와 〈암살〉의 알레고리

가족은 대체로 혈연, 혼인, 입양, 인연 등으로 관계되어 같이 일상의 생활을 공유하는 사람들의 집단(공동체) 또는 그 구성원을 말한다. 현대 가족은 출산력감소, 고령화, 혼인율 감소, 이혼율 증가, 독신과 만혼 현상, 남성 중심 가족제도의 변화, 여성의 탈가족화 등의 특성을 보인다. 최소 공동체로서의 가족에 대한 논의는 최근 전통적 가족 윤리의 약화와 모성 윤리의 강조를 보여주며, 근대적 성역할론과 사적 공간화에 근거한 합리적 가족관을 제시하며, 전통적 가족의 붕괴와 유사 가족의 탄생에 대해서 주목한다. 탈근대사회의 다원주의에서 가족은 전통적 가족에 대해 비판하고 저항하면서, 구성원의 자발적이고 주체적인 의지를 보여주며, 가족 신화의 수직성·위계성에서 가족 관계의 수평성·다양성으로 변모하는 개념으로 제시된다.

가족이 수직적 가족에서 수평적 가족으로의 변화, 전통 가족의 붕괴, 새로운 가족의 탄생이라는 급격한 변화를 보인다는 점에서 한국영화에서 가족이 어떻게 재현되는지 주목할 필요가 있다. 한국영화 〈암살〉(최동훈, 2015)은 인물에서 고독한 여성 영웅을 내세우고 있으며, 주제에서 식민지 지배의 폭력성과 반민족행위 처단의 문제를 제기하며, 플롯에서 해결되지 못한 과거를 현재에 소환한다. 〈암살〉은 일제강점기 세 시기의 변화를 보여주면서 친일파, 독립군, 밀

---

1 이 글은 필자가 쓴 논문(서곡숙, 「가족 해체와 민족 내분의 알레고리: 한국영화 〈암살〉을 중심으로」, 『영화연구』, 92호, 한국영화학회, 2022년 6월 23일, 123-161쪽)을 수정·보완한 것이다.

정을 중심으로 가족의 해체와 민족의 내분을 통해 가족과 사회의 상관관계를 보여준다.

알레고리적 인물의 반복/변형과 주변 인물의 관계망

〈암살〉 친일파 기업가인 아버지 강인국의 모습

〈암살〉에서 아버지의 '탐욕'은 친일파 기업가로서 이기심, 잔인성, 배신을 통해서 자기애와 극단적 이기주의를 나타내는 반면, 어머니의 '명예'는 독립군 지원세력으로서 이타심, 자비심, 애국심을 통해서 조국애와 정의를 나타낸다. 안옥윤의 '용기'는 이타심, 정의, 냉철함을 통해서 조국애를 나타내며, 비극적 트라우마의 경험을 통한 외향성/내향성을 모두 보여주며, 가족과 민족의 대립을 상징적으로 나타낸다. 염석진의 '배신'은 정의·애국심의 덕과 불의·탐욕이라는 악덕을 동시에 보여주며, 독립군 암살단에서 밀정으로 변모하면서 이중적이고 기만적인 성격을 드러낸다. 하와이 피스톨의 '신의'는 잔인성·염세주의의 악덕과 애국심·정의의 덕을 동시에 보여주며, 사적 이익 추구에서 공적 정의 추구로 변화하면서, 염석진의 '배신'과 대칭축을 형성한다. 영감의 '신의'는 장난꾸러기 역할과 따뜻한 인간미로 비극적 분위기에서 희극적 웃음을 선사하며, 이익/신의, 이기심/이타심, 외면/내면의 이중성이 주는 진정성을 보여준다.

〈암살〉 독립군 지원세력인 어머니 안성심이 집을 떠나는 장면

〈암살〉에서 사익을 추구하는 아버지와 공익을 추구하는 어머니는 욕망의 차이로 적대 관계를 형성하며, 아버지/어머니의 적대 관계는 아버지의 어머니 살해 이후 아버지/딸의 적대 관계로 이어진다. 여주인공 '안옥윤'을 중심으로, 조력 관계에서 적대 관계로 변화하는 '염석진'과 적대 관계에서 조력 관계로 변화하는 '하와이 피스톨'이 서사적 대칭을 이룬다. 안옥윤을 중심으로 친일파 인물들과 독립군 인물들이 두 축으로 대립하며, 밀정 염석진과 살인청부업자 하와이 피스톨이 대척점에 있음으로써 서사에서 대립과 균형을 이룬다.

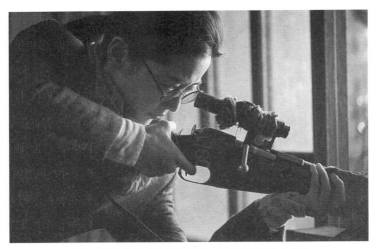
〈암살〉 독립군 암살단 대장 안옥윤이 암살 대상에게 총을 겨누는 장면

　〈암살〉의 인물에서 반복 구조(아버지)는 가족의 층위와 민족의 층위를 연결하고, 반복/변형 구조(안옥윤)는 내면/외면의 이중성을 드러내며, 변형구조(염석진·하와이 피스톨)는 배신과 염세주의를 보여줌으로써 반복/변형의 알레고리가 다양하게 나타난다. 한편으로 세 시기에 걸친 세 번의 암살이 각각 그 시기 일제강점기 일본/조선의 민족 대립을 반복적으로 보여준다는 점에서 반복 구조가 나타난다. 다른 한편으로 세 시기를 중심으로 한 변형의 도식을 통한 알레고리는 가족의 변화, 인물의 변화, 민족의 변화를 드러내며, 가족-민족의 알레고리를 통해 진리를 향한 의도와 상충함으로써, 기존의 인식에서 벗어나서 다층적으로 일제강점기를 보여준다.
　〈암살〉은 긍정에서 부정으로 변화하며 주체성을 상실하는 염석진과 부정에서 긍정으로 변화하며 주체성으로 회복하는 하와이 피스

〈암살〉 밀정 염석진이 김구에게 결백을 주장하며 자기 머리에 총을 대는 장면

톨이 반대 축으로 변모하면서 힘의 균형을 맞추며, 가족-민족의 개념 변화를 통한 변형의 도식과 다중복합성으로 알레고리적 서사 전략을 보여준다. 가족-민족의 알레고리는 국가적 · 공적 민족의 내분 · 갈등 · 대립이 사적인 가족의 내분 · 갈등 · 대립에까지 강력한 영향력을 미치며, 그러한 영향력이 극에 달해서 이제 파국의 시대를 맞이한다는 상징적 의미를 나타내고 있다.

욕망의 축
: 알레고리의 무상함에 대한 통찰과 다이몬적 본성

〈암살〉은 시간 · 역사의 알레고리화와 확대된 메타포로 가족의 계층 · 세대 · 젠더 갈등을 통해 민족의 분열을 드러낸다. 첫째, 계층

〈암살〉 살인청부업자 하와이 피스톨이 독립군 암살 임무에 뛰어들어 안옥윤을 구하는 장면

갈등에서, 가족이 사회의 일반적 구조이면서 가장 기본적인 공동체 단위라는 점에서 가부장에 의한 이기적이고 잔인한 악행과 일제에 의해 강제된 근대문물과 조선인 착취를 알레고리로 연결하면서 자본 주의와 가부장제의 결탁과 정체성의 왜곡을 보여준다. 둘째, 세대 갈 등에서, 가족은 구질서와 새로운 질서의 충돌, 고통과 희망의 충돌 을 보여주며, 억압과 욕망으로 인한 해체 혹은 고초와 난관의 감내를 통해서 민족 혹은 국가의 개념 변화를 보여준다. 셋째, 젠더 갈등에 서, 가족은 근대화의 혼재와 충돌로 가부장제가 해체되고, 위계질서 로 인한 성차별과 협력이 살인으로 끝남으로써 가족 재구성의 명분 을 상실하고, 가족을 수단화하는 가부장을 통해서 인간관계의 왜곡 과 공감의 결핍 현상을 보여주면서 가족의 해체와 민족의 분리를 알 레고리적으로 보여준다.

〈암살〉은 알레고리적 인물을 통해 민족의 참사와 고통의 흔적을 재현함으로써 슬픔의 정서를 나타내며, 독립군과 지원세력의 무수히 많은 죽음에서 알레고리의 원천 속에 있는 슬픔, 사물들의 무상함에 대한 통찰을 보여준다. 다양한 인물들, 삶의 양상들을 그려냄으로써 의도에 대한 반격과 제압으로 새로운 인식을 보여주며, 인물들의 갈등ㆍ대립과 민족의 갈등ㆍ대립이 알레고리적으로 표현되며, 독립군/친일파의 대립과 적대자의 내재화를 통해 민족의 내분을 알레고리적으로 나타낸다. 가족-민족의 알레고리(비유)를 통해 일제강점기 현실을 이분법적으로 바라보는 경직된 시선, 혹은 친일파/밀정 등 변절자/배신자에 대한 공적 처벌의 실패 등 현실과 현실 인식에 대한 은유적ㆍ함축적 비판을 보여준다.

　〈암살〉은 기성세대의 악행과 청년세대의 선행을 대비시킴으로써 가부장제와 기성세대를 비판하며, 민족을 배신하고 가족을 살해하는 아버지(사회악)에 대한 처벌을 수긍하게 만들며, 가부장적 권위에 대한 불신으로 구질서에서 새 질서로 나아간다. 가족의 대립과 살인으로 인한 가족의 해체와 붕괴를 보여주며, 보호, 성장, 독립으로 나아가는 여성을 남성의 악행을 처벌하는 대안적 인물로 제시하며, 가장의 악행과 권위 박탈로 인한 모성 가족의 탄생으로 가족-민족의 알레고리를 보여준다. 가족은 계급과 구조화된 폭력, 폭력ㆍ부조리의 억압된 기억과 윤리적 성찰, 폭력적인 통치와 가부장 권력의 용서/화해, 국가 이데올로기 폭력으로 인한 가족의 해체ㆍ균열을 통해 빈곤, 폭력, 억압의 문제를 제기하면서 폭력의 시대를 그려낸다.

　〈암살〉은 1911년, 1933년, 1949년이라는 세 시기를 배경으로

하며, 특히 영화의 주된 시대적 배경인 1933년을 중심으로 만주, 상하이, 경성이라는 근대의 세 가지 모습을 제시한다. 세 시기에서 드라마틱한 파국이 모두 암살, 살인, 죽음으로 끝이 난다는 공통점을 보여준다는 점에서 가족의 분열과 민족의 내분을 강조한다. 〈암살〉은 세 공간의 이중성을 통해 민족이 처한 다양한 시대적 양상을 그려낸다.

의사소통의 축 : 알레고리의 파편화와 이율배반성

〈암살〉 하와이 피스톨과 영감이 일본군으로 위장하는 장면

원인과 결과가 불일치하는 상황의 아이러니는 일제강점기 억압이 강화됨에 따라 인물이 변모하면서 선의를 악의로 갚는 '악행'(아버지·염석진)과 악의를 선의로 바꾸는 '선행'(안옥윤·하와이 피스톨·영감)을 대비시킨다. 국가의 경제적 파탄은 가부장의 권위 상실

과 약화로 이어져 가족의 파괴, 붕괴, 위반의 결과로 귀결되며, 가족 서사는 복수, 상처, 자살을 거쳐 새로운 가족을 형성한다는 점에서, 민족의 위기와 가족의 위기는 밀접한 연관성을 보여준다.

부모/자녀 가르기 서사를 통해 부모의 역할에 대한 기대를 버리게 되며, 아버지를 부정적 인물로 설정함으로써 가부장제를 비판하며 어머니(유모)로 역할 중심이 변화하며, 남성 인물에 대한 부정적 묘사로 여성의 개인화, 지위와 목소리 확보에 힘을 실어준다. 가족 재현 방식에서 살인·죽음으로 부재하는 가족, 이상한 가족, 새로운 유사 가족의 동시적 등장을 보여주며, 혈연·이익 중심의 가족이 해체되는 반면 비혈연·이념 중심의 가족이 재구성된다.

세 가지 시간대의 이야기에서 중심인물이 변화하면서, 여러 명의 인물이 자신만의 이야기를 펼친다는 점에서 다채로운 플롯 구성을 보여준다. 대과거는 과거/현재에 영향을 미치는 결정적인 사건을 제시하는 프롤로그적 특성을 보여주고, 과거는 주된 사건이 펼쳐지면서 이야기의 중심이 되고, 현재는 대과거·과거의 복수·처벌을 마무리하는 에필로그적 특성을 보여준다.

〈암살〉은 조국 독립에 헌신한 독립투사를 여주인공으로 설정한 점, 적대자, 즉 암살 대상을 총독, 총사령관과 친일파 기업가, 밀정 등 일제강점기의 세 시기별로 세분화하여 설정하여 점점 민족의 분열/대립이 내재화되어가는 변화를 보여준 점, 가족이 친일파 기업가, 독립군 지원자, 친일파 자제, 독립군 암살단 등 첨예한 가치관 대립을 보여줌으로써 민족의 분열/대립을 알레고리적으로 현시한 점, 친일파 기업가이면서 동시에 가족을 살해한 아버지를 암살하는 행위에 대한 고뇌와 민족을 배신한 반민족 행위를 한 친일파에 대해서 미온적 행위를 한 과거의 역사를 알레고리적으로 결부시킨 점, 반민특위에서 해결하지 못한 역사적 처단을 독립군의 잔존 세력이 반민족 행위를 한 배신자 밀정을 처단하는 점 등 과거의 역사적 사실과 시대적 상황을 다층적으로 반영하면서 동시에 현재 이루어지지 않은 과거 청산의 회한과 소망을 복합적으로 반영하여 대중성을 확보한다.

〈암살〉 임시정부 김구와 의열단 김원봉의 좌우 협력 장면

〈암살〉은 회한의 역사를 소망 충족의 서사로 치환하여 현실성과 대중성을 확보한다. 첫째, 살부계는 사실과 허구의 결합이며, 살부계와 친일파 처단을 연결시킨 설정이 참신하다. 둘째, 김구와 김원봉의 좌우 협력도 사실과 허구의 결합이며, 시기적으로 차이가 발생한다. 셋째, 살인청부업자, 여성 무장 독립운동가, 총독 암살 계획도 사실과 허구의 결합이다. 〈암살〉은 역사적 사실과 상상적 허구의 경계를 넘나들며 과거의 역사적 처단에 대한 현재의 회한을 상상적 허구를 통

해 소망 충족의 서사로 만든 점이 대중성을 확보한다.

〈암살〉에서 허구 부분은 과거 독립운동에서의 좌우 협력, 암살 작전 실패, 반민족 행위 처단 등 현재에 이루지 못한 과거 청산과 회한에 대한 것이며, 이러한 허구의 상상적 전개와 균열한 상태를 통해서 총체적 합일을 지양하고 일제강점기의 다양한 현실을 조망한다. 일제강점기는 패배, 승리, 혼합이라는 세 가지 얼굴을 통해서 다양한 모습으로 그려지며, 염세주의와 아픔, 장르적 쾌감, 소망 충족을 보여준다.

〈암살〉은 민족의 축소판인 가족과 가족의 확대판인 민족을 알레고리로 연결하며, 가족을 살인의 공간으로 설정하여 차가운 기법과 폭발적 표현을 보여주며, 정체의 폭로라는 표면층과 정체의 잊기 · 숨기기 · 왜곡하기라는 이면층을 보여줌으로써 이율배반성을 드러낸다. 강인국(기업가/친일파), 염석진(독립군/밀정), 안옥윤(일반인/독립군 암살단), 하와이 피스톨(일반인/살인청부업자/친일파 자제/독립군) 등 알레고리적 인물들은 존재/의미의 변증법적 움직임과 표면층/이면층의 이율배반성을 보여준다. 민족의 분열과 죽음이 서로 전혀 다른 인물과 공동체에서 벌어지는 것이 아니라는 점, 특히 염석진/하와이 피스톨처럼 배반/탈주하는 인물을 통해서 이러한 경계 넘기, 침범하기의 다의성을 보여준다. 〈암살〉은 가족-민족에서 이분법적 인식이 아니라 비현실적 껍데기 속에 숨겨져 있는 의미를 나타내며 표면층과 의미층을 분리하며, 근대라는 표지 속에 억압/저항의 공간, 가족-민족의 죽음, 분열, 파멸이라는 본질이 드러난다.

독립군의 암살 임무에서 약호화와 감추기는 목숨과 관련된 주요

〈암살〉 독립군 암살단이 임무를 수행하러 떠나기 직전에 기념촬영을 하는 장면

한 사항이며, 이러한 의미 발견과 해독은 살인/죽음으로 이어지기 때문에 긴장감이 구축되고 감정의 격동이 발생한다. 〈암살〉은 사실과 허구를 혼합함으로써 과거의 역사적 사실과 현재의 상상적 소망을 결합하기 때문에 가족 서사가 기억의 문제를 제기하면서 한국 사회의 공식 기억에 저항한다. 〈암살〉은 김구/김원봉의 좌우 협력과 상상의 공동체를 통해 관객의 소망을 충족시키고, 쌍둥이 주인공 모티프를 통해 위장, 가장, 변장으로 반전 효과를 창출하고, 케이프 필름의 장르적 특성으로 계획/실행, 반복/차이로 긴장감을 창출한다. 이 영화는 정체를 숨기기/밝히기, 암살을 성공시키기/저지하기 등 계략과 계책이 진행되면서 감시의 시선과 서스펜스를 통해 일제강점기 일본/조선, 제국주의/식민주의에 대한 알레고리를 보여준다.

가족-민족
: 인물의 반복/변형, 욕망의 상실, 의사소통의 파편화

한국영화 〈암살〉을 중심으로 가족과 민족의 알레고리를 살펴본 결과, 인물의 반복과 변형, 욕망의 상실과 우울, 의사소통의 이율배반성과 파편화가 나타난다. 첫째, 주인공의 축에서, 알레고리적 인물은 인물들의 덕/악덕과 도덕적 알레고리를 나타내며, 주변 인물의 관계망은 인물들의 상호관계와 인간성 알레고리의 대칭을 나타내며, 인물의 반복/변형은 반복 구조의 알레고리와 다중복합성의 전략을 나타낸다. 둘째, 욕망의 축에서, 시간·역사의 알레고리화는 구조화된 폭력, 신구 질서의 충돌, 가부장제의 해체를 드러내며, 알레고리의 무상함에 대한 통찰은 상실의 시대, 의도에 대한 반격, 법·질서에 대한 비판을 드러내며, 알레고리의 다이몬적 본성은 가부장의 악행, 폭력의 시대, 죽음의 공간을 드러낸다. 셋째, 의사소통의 축에서 알레고리의 파편화는 가족-민족의 균열, 부모/자녀 가르기, 유사 가족의 재구성을 보여주며, 알레고리의 환상은 상상적 전개, 총체적 합일 지양, 사실/허구의 혼합을 보여주며, 알레고리의 이율배반성은 표면층/의미층, 표지/본질, 약호화/해독의 이중성을 보여준다.

11장
<극장판 주술회전 0>
: 가족 와해의 시대, 공포가 귀환한다

이현재

영화를 사유하는 데 있어 공동체를 경유 하는 것은 대단히 자연스러운 일로 느껴진다. 영화에 대해 말하는 것이 곧 공동체를 사유하는 일이라고 주장해도 크게 반박할 사람이 없을 거라 생각될 정도다. 그렇다면 영화가 무엇인지 묻기 위해 공동체를 유지하게 만드는 것이 무엇인지 물어볼 필요가 있을 것이다. 구체적 객체(Instance Object)를 두고 생각해보면 영화관 같은 공간도 있겠지만, 최근에는 이마저도 플랫폼의 등장으로 유동성을 확보한 상태다. 조금 더 충실한 기술을 위해 우정과 같이 고도로 추상화된 아이디어들을 떠올릴 수는 있다. 다만 개인적으로는 그것이 '영화관' 같이 상쾌한 느낌으로는 다가오지 않는데, 아마 한병철이 『투명사회』(2014)에서 "투명성이 순응에 대한 강압을 낳는다"고 지적한 바와 엇비슷하지 않을까 싶다. 우정은 아름답지만, 한편으로는 어떤 방식으로든 행위자의 의지와 상관없이 채무 관계를 낳는 듯하다.

대중들도 이러한 경향이 강해진 것 같다. 헤란트 캐챠도리안[1]은 그의 저서 『죄의식: 일말의 양심』(2010)의 서문에서 "지금은 많은 사람들이 죄의식보다는 권리의식을 더 소중히 여기는 것 같다"고 진술한다. 그만큼 관계를 맺고 네트워크를 쌓아가는 것 자체가 부담스러운 시대라고 할 수 있을 수도 있겠다. 이러한 의식은 (당연하겠지만) 대표적인 공동체의 구체적 객체, 가족에게도 영향을 미친다. 국립국어원에 따르면, 가족은 "주로 부부를 중심으로 한, 친족 관계에 있는 사람들의 집단"이다. 부부가 중심이 된 공동체라는 점에서 가족은 통

1 Herant Khatchadourian, 1933~, Prof. of Human Biology in Stanford Univ.

념과 상식선에서 사랑을 바탕에 둔 공동체라고 할 수 있을 것이다.

　조금 더 단도직입적으로 질문해보자. 그렇다면 현대는 가족까지도 부담으로 여겨지는 시대인가? 그런 것 같다. 적어도 일본 아니메의 경우는 그렇다. 아니메는 코로나 이후 가장 흥미로운 표본들을 제공하는 영상 장르 중 하나다. 코로나로 인해 극장에서 관객이 사라지는 동안에도, 〈귀멸의 칼날: 무한열차편〉(소토자키 하루오, 2020)과 〈극장판 주술회전 0(이하 〈주술회전 0〉)〉(박성후, 2021)는 1억 달러 흥행 애니메이션 리스트에 이름을 올리는 등 이전에 없던 새로운 성과들을 보여주었다. 한 마디로, 코로나 이후에 가족이 우리에게 서사적으로 어떻게 여겨지고 있는지 고민해볼 수 있는 좋은 자료인 셈이다. 그중에서도 〈주술회전 0〉에는 아래와 같이 흥미로운 진술이 나온다.

"이건 지론이지만, 사랑만큼 왜곡된 저주는 없어
(これは持論だけどね、愛より歪んだ呪いはないよ)"

극장판 〈주술회전 0〉 스틸컷

〈주술회전 0〉에서 고죠 사토루(이하 '사토루')는 사랑으로 인한 저주로 고통받는 주인공 옷코츠 유타(오가타 메구미, 이하 '유타')에게 위와 같이 말한다. 자못 진술처럼 보이는 사토루의 대사는 저주에 걸려 좌절하던 유타를 변화시키는 계기가 된다. 유타의 변화는 맥락상 유타가 사토루의 지론에 어느 정도 공감했다는 근거로 삼을 수 있다. 최소한 유타에게 있어 '사랑은 곧 저주'라는 사토루의 지적은 현실이었을 것이다. 다만, 사토루의 발화가 발화대상의 공감을 이끌어 냈다 할지라도 대사 그 자체만 따지면 이상하다. 사토루의 대사를 따라가면 사랑은 저주없이 존재할 수 없는 감정이 되기 때문이다.

　사토루의 대사가 바탕삼고 있는 최소의밋값은 [사랑⊂저주]이다. 사토루는 이를 유타의 사례로 개별화하는 대신, 본인의 지론으로서 일반화시키고 있다. 사토루의 일반화가 독특한 점은, 일반화가 본인의 지론을 통해 이루어진다는 점이다. 지론은 '가지고 있거나 주장해온 생각 혹은 이론'으로써 '자신'과 같은 재귀 대명사를 함의한다. 사토루가 지론을 통해 [사랑⊂저주]를 일반화하는 순간, 그가 주장한 명제의 의밋값은 [사토루⊃(사랑⊂저주)]가 된다. 따라서 사로투가 진술한 사랑은 사토루에 의해 개별화된 사랑이다. 사토루는 지론을 그대로 유타에게 적용했으며, 유타 또한 앞서 밝힌 바처럼 맥락상 사토루의 지론을 수용한 것으로 보인다. 유타는 사토루를 따라 주술사가 되기 위해 도쿄 도립 주술 고등전문학교(이하 '주술고전')에 입학하며 "나는 주술고전에서 리카의 저주를 풀겠습니다"라고 선언한다.

　〈주술회전 0〉의 오프닝은 이 작품이 사랑이라는 주제, 그리고 주제가 함의한 갈등을 어떻게 풀어낼 것인지 압축적으로 제시하는 안내판과 같다. 일단 〈주술회전 0〉에서 사랑은 타인과 소통을 전제로 한 소통과정 혹은 담화가 아니다. 동시에 타인을 반성하는 계기 또한 되지 못한다. 오히려 개인에게 귀속된 감정 상태, 그것도 부정적인 감정이 왜곡된 상태에 가깝다. 〈주술회전 0〉에서 사랑을 통해 대상화되는 것은 타인이 아니라 자기 자신이다. 〈주술회전 0〉의 사랑은 유폐를 지향하고 있으며, 타인을 이해하기보단 나 자신을 반성하는 상태에 가깝다. 과장과 비약을 섞어 말하자면, 〈주술회전 0〉에서 사랑으로 제시되는 거의 모든 소통 상태는 외부를 향하지 않는다. 외부와 접촉하는 방식은 저주로, 그 자체로 침범을 전제한다.

원작 『주술회전』에서 저주는 인구에 비례하여 규모가 커지는 부정적인 집단 무의식의 일종이다. 달리 말해, 저주란 '인간에게서 비롯된 부정적인 감정 때문에 부려진 주술'이다. 이를 사토루의 지론에 적용하면, 사랑은 인간에게서 비롯된 부정적인 감정을 다르게 해석하는 경우를 조건으로 두고 있다. 따라서 사랑은 인간의 부정적인 감

극장판 〈주술회전 0〉 스틸컷

정이 사실과 다르게 해석될 수 없다면 존재할 수 없는 감정이며, 동시에 사랑의 확인은 실재와 달리 부정적인 감정(또는 저주)이 오독된 상태를 확인하는 것과 다르지 않다. 그러니까, 〈주술회전 0〉에서 사랑은 크게 3단계를 통과하는 과정이다. ①혹자의 부정적인 감정이 저주가 되어 ②저주가 타인을 침범했는데 ③저주를 왜곡하여 실재와 달리 오독한 상태가 곧 사랑인 셈이다.

사토루의 지론, [사랑⊂저주]

풀어놓고 보면 대단히 아스트랄한 상황인데, [사랑⊂저주]라는 사토루의 지론을 유타에게 적용하면 사태는 더욱 묘해진다. 일단 유타가 사랑으로 얻은 결과가 트라우마와 같이 심각한 심적 고통이라는 사실은 필연적인 일이다. 사토루의 지론에 따르면 사랑은 부정적인 감정 때문에 발현된 저주를, 저주당한 자가 자의적으로 왜곡한 상태다. 유타는 이제 오독을 정정하고 사랑의 원형을 확인하고 있는 셈이다. 사태가 묘한 이유는 부정적인 감정을 인식하고 이를 왜곡했던 건 유타가 아니었다는 점이다. 〈주술회전 0〉는 회상 장면을 동원하면서까지 유타가 관계를 정의했던 것이 아니라, 사랑의 상대였던 리카가 유타와의 관계를 정의했었다는 점을 명시하고 있다.

유타의 회상에 따르면 리카는 부정적인 감정에 통달할 수밖에 없던 환경에 놓여있었다. 그의 어머니는 그가 5살 때 원인 불명으로 사망했고, 아버지는 유타와 함께 등산을 갔다가 실종되었다. 이후 리카는 산속 보호소에서 혼자 생활했다. 리카와 유타는 리카가 보호소에서 구조된 직후, 병원에서 만났다. 마을로 내려온 뒤에도 리카의 불행은 끊이지 않았다. 친할머니는 잇따른 불행의 원인을 리카에게 돌렸으며, 마을 사람들 또한 리카의 친할머니에게 동조하여 리카를 초현실적인 대상으로 보았다. 리카가 적의로 둘러쌓인 환경에서도 살아남을 수 있었던 것은 그가 '어른들도 돌아볼 정도의 미인'이었고, 자신의 외모를 이용할 줄 알았기 때문이다. 리카는 작가가 캐릭터를 지나치게 가혹하게 다룬다고 지적함이 마땅할 정도로 혹독한 환경 안에 놓인 캐릭터다.

리카에게 주어진 유일한 장점은 외모다. 하지만 그의 유일한 장점은 생존을 위해 이용된다. 리카 본인도 자신이 외모를 '휘두르고 있다'는 점을 인지하고 있다. 리카의 나이를 생각해보면 이는 캐릭터에게 지나치게 혹독한 처사로 생각된다. 다만 작가가 혹독한 환경을 통해 획득하는 것은 리카와 유타의 관계에 대한 심리적인 현실감이다.

리카가 놓인 상황은 그를 둘러싼 공동체가 그에게만 관용을 베풀지 않는다는 것이다. 동시에 공동체의 관용 없이는 사회적 생존을 기대할 수 없는 리카가 일말의 기회를 위해 할 수 있는 노력은 자신의 신뢰를 공동체에 매몰시키는 방법뿐이다. 때문에 리카는 어떤 방식으로든 기울어진 신뢰를 유지해야만 한다. 이 경우 리카가 공동체에 대한 신뢰를 유지하는 방법과 전략은, 공동체에 속해있는 동시에 공동체와 다른 속성을 지닌 인물이 있다고 믿을만한 사례를 스스로 만드는 것이다.

리카의 입장에서 유타는 공동체에 대한 신뢰를 유지하는 데 필요한 대상이었을 것이다. 만약 ①유타가 리카에게 (공동체와 같은 감정으로) 적의를 통해 저주를 발현했고 ②이것이 리카에게 전달되었는데, ③리카가 저주를 왜곡하여 수용한다면 이는 리카가 유타를 사랑하는 상황과 다르지 않다. 동시에 ①리카의 부정적인 감정이 저주가 됐고 ②이것이 유타에게 전달되었는데, ③유타가 저주를 왜곡하여 수용한다면 그들은 서로 사랑하고 있는 셈이다. 다만, 서로의 저주는 상호작용한다고 볼 수 없으므로 그들은 집단독백에 가까운 사랑을 하고 있는 셈이다. 마치 〈가학의 성〉과 같은 이시이 타카시의 영화들이 떠오를만한 〈주술회전 0〉의 아스트랄한 상황은 무엇을 지목하고 있는가?

싸울 이유가 부정적인 경우인 것만큼은 분명하다

극장판 〈주술회전 0〉 스틸컷

일차적으로 〈주술회전 0〉도 자신이 설정한 상황이 아스트랄하다는 점은 인지하고 있는 듯하다. 〈주술회전 0〉가 종착하는 상황은 '백귀야행(百鬼夜行)'이다. 백귀야행은 저주가 물리적으로 현현한 형태인 요괴들이 거리를 활보하게 된 상황으로, 극 중 유타가 마주하는 가장 큰 장애물이자 사토루의 친구이자 주적인 게토 스구루(사쿠라이 타카히로, 이하 '스구루')가 '주술로 인류가 고통받지 않는 세상'을 만들기 위해 반드시 통과해야 한다고 믿는 과정이다. 그 과정은 사토루가 사랑을 왜곡된 저주로 해석하는 것만큼이나 묘하다. 스구루는 고죠와 같은 주술고전 출신의 실력 있는 주술사였으나, "약한 자들을 위해 강하고 선한 자들이 고생과 목숨을 바치는"것에 부조리를 느낀 인물이다. 여기서 중요한 것은 공동체라는 이유로 "고생과 목숨을 바치는"책임이 부과된 상황에 스구루가 모순을 느꼈다는 점이다.

자신 앞에 주어진 책임에 대한 갈등은 〈주술회전 0〉에서 여지없이 클라이맥스를 장식한다. 다만 〈주술회전 0〉를 넘어, 원작 『주술회전』 전체에서도 언더도그마와 그로 인한 책임의 문제는 갈등의 주된 동력이 된다. 달리 말하면 약한 자가 선의를 기대하여 만들어지는 갈등이 작품 전반을 유지한다고 볼 수 있다. 작품을 지탱하는 주된 갈등인 만큼, 〈주술회전 0〉에서도 갈등은 스구루와 유타 모두에게서 개별적으로 해결된다. 백귀야행을 지나 서로를 마주한 스구루와 유타는 서로에게 '대의'와 '순애'를 내건다. 흥미로운 건 스구루의 대립항으로 등장한 가치가 '순애'라는 점이다. 사랑은 앞서 밝혔듯, '왜곡된 저주'이자 상호작용 없이 집단독백을 만들어내는 감정이다. 다소 섣부르게 말하자면 상호작용하는 공동체를 유지하는 것은 사랑, 나아가 우정과 같은 느낌이 아닐 것이다. 되려 상호작용하는 공동체를 만들었던 건 스구루가 내걸었던 대의인 셈이다. 그렇다면 대의만 남은 공동체에게는 무엇이 남는가?

〈주술회전 0〉는 '왜곡된 저주'로 인해 세상에 남겨진 주인공 유타가 주술고전이라는 유사가족을 만나는 것으로 마무리되는 이야기다. 그리고 영화는 엔딩크레디트가 모두 올라간 후, 쿠키로 '시부야 사변'을 예고하며 끝난다. '시부야 사변'은 현재까지 진행된 『주술회전』에서 발생한 가장 큰 재난이다. 『주술회전』의 주인공 '이타도리 유지'(이하 '유지')는 백귀야행을 통해 공동체를 얻었던 유타와 달리, 시부야 사변을 통해 공동체를 잃는다. 시부야 사변으로 유지가 어른으로 생각했던 '나나미 켄토'는 유지에게 책임을 부탁하며 죽는다. 서로의 마음을 확인할 수 있었던 '쿠기사키 노바라'는 안면 전반이 날아가는 치명상을 입고 실종된다. 유지의 친구인 이누마키 토게는 팔 한쪽을 잃고 영구적인 장애를 얻는다. 유지를 책임지겠다던 사토루는 스구루의 저주를 통해 봉인된다. 시부야 사변이 벌어진 시점에서 유타는 유지의 사형을 집행해야 하는 처지에 놓인다.

시부야 사변 이후, 스구루가 원했던 것처럼 강자가 약자를 위해 "고생과 목숨을 바치는" 책임을 지지 않아도 되는 세상이 펼쳐지기 시작한다. 그 세상이란 아이러니하게도 주술사들끼리 데스매치를 벌이는 것이다. 이에 대한 작품 속 평가는 꽤나 가혹한 편이다. 데스매치에 참가하게 된 한 인물(샤를 베르나르)은 이렇게 말한다. "싸울 이유가 부정적이야. 배틀 만화는 독자가 만화에 몰입할 이유가 필요하다고!" 한마디로 싸움의 명분이 사라졌다는 뜻이다. 그러나 다른 편으로 되돌아봐도 그 '순애'가 '왜곡된 저주'라면, 남는 것은 서로에게 던지고 던져지는 저주를 바탕으로 집단독백을 펼치는 길밖에 없을 것이다.

가족 와해의 시대, 혹은 공포의 귀환

극장판 〈주술회전 0〉 스틸컷

앞서 말했듯 가족의 사전적 정의는 부부가 중심이 된 공동체로서 상식과 통념상 사랑을 바탕으로 한 공동체다. 〈주술회전 0〉처럼 [사랑⊂저주]라는 지론이 일반화된 경우, 우리는 그 지론을 어떻게 평가해야 할까. 가장 손쉽고 선명한 답변은 가족을 포함한 공동체가 와해한 시대라고 지적하는 것이다. 대단히 김새고 힘 빠지는 결말이지만, 당장은 여기서 멈출 수밖에 없을 것 같다. 여기서 멈추지 않는다면 다음과 같은 질문들과 마주하게 될 것이다. "그렇다면 와해는 왜 일어났는가?" 더 나아가 "환원주의적인 진단이 현 사태를 평가할 수 있기는 한가?" 혹은 "원인을 파악하는 것이 적절한 진단을 내리고 처방하는 것에 도움을 주기는 할까?" 반대로 "대의와 같은 어젠다에 집중하는 게 도움이 되기는 할까?"

가족은 아니메에 있어서도 일종의 마지노선이었다. 가령, 〈기동

전사 건담〉(1979)에서 샤아 아즈나블이 끝까지 수호하려는 가치는 아버지의 유산으로 구체화 된 가족이다. 샤아의 경우에는 이미 해체 된 가족을 어떻게든 수호하려는 과정에서 끝내 몰락하고 만다. 〈신세기 에반게리온〉(1995)과 〈너의 이름은.〉(신카이 마코토, 2016)의 경우에도 마찬가지다. 레이-신지-아즈카, 그리고 타키-미츠하는 모두 어떤 요인에 의했던 가족 공동체의 와해를 목격했던 인물들이다. 이들은 와해한 가족을 두고 각자의 방식으로 의미 지어 자신이 속했던 공동체와 가족의 의미를 재구성한다. 〈나루토〉(2002)와 〈강철의 연금술사〉(2003)에 이르면 가족 마지노선에 대한 집착은 더 강해진다.

[나루토-사쿠라]와 [엘릭-윈리] 커플리 등장하는 두 작품 모두 (이어지든 아니든) 서사적 여정을 통해 최종적으로 도달하는 결말은 가족을 재생산하는 것이다. 결말에 대한 이러한 집착은 〈블리치〉(2004) 등에서도 발견되는 대체적인 2000년대 아니메의 공통적 경향이다.

가족에 대한 가치는 〈귀멸의 칼날〉에서도 이어지는 흐름이다. 다만, 〈귀멸의 칼날〉도 〈주술회전〉과 거의 비슷한 길을 간다. [탄지로-네즈코]의 서사가 여타의 영웅서사 혹은 소년 장르와 구분되는 점은 네즈코든 탄지로든 소중하게 여기는 무언가가 위협받으면, 일단 죽이고 본다는 점이다. 빌런에게 변명의 기회가 주어지는 것 또한 탄지로에게 처형을 당한 뒤다. 이 경우, 우리가 취할 수 있는 가장 합리적인 선택은 먼 관계를 지향하고 가까운 관계는 지양하는 것이다. 〈주술회전 0〉는 먼 관계를 권장하는 시대에 벌어진, 가족을 포함한 공동체 와해의 전조에 관한 이야기다. 그렇다면 현대는 가족까지도 부담으로 여겨지는 시대인가? 그런 것 같다. 적어도 일본 아니메의 경우는 그렇다.

공동체가 와해하고, 당장 눈앞에 재앙이 닥치고 있다. 심적 · 물적 안전을 보장할 수 없는 상황, 그것이 곧 공포다. 와해의 자리에 공포가 귀환하고 있다.

| 참고문헌

제1부 그럼에도, 가족

1장   **희생하는 아빠들** — 송연주
사진출처 - 네이버 영화

2장   **<혼자 사는 사람들>, <메리 크리스마스 미스터 모>, <이장>
: 아버지, 쓸쓸해서 쌀쌀한 그 삶** — 최재훈
사진출처 - 네이버 영화

3장   **이민가족 - 외할머니의 이름으로
: <미나리>와 <파친코> 그리고 <엄마 UMMA>** — 김 경
사진출처 - 미주 한국일보, 전자신문

4장   **<가을 소나타>, 엄마에게 보내는 편지** — 김경욱
사진출처 - 네이버 영화

제2부 그러니까, 가족

제2부 그러므로, 가족

영화와 가족 : 그렇게 가족이 된다

초판 1쇄 발행   2022년 9월 20일

지은이   김경욱·서곡숙·최재훈 외
펴낸이   성일권
펴낸곳   (주)르몽드코리아
디자인   조예리
인쇄·제작   디프넷

펴낸곳   (주)르몽드코리아
주소   서울특별시 마포구 양화대로 1길 83 석우 1층
출판등록   2009. 09. 제2014-000119
홈페이지   www.ilemonde.com
SNS   https://www.facebook.com/ilemondekorea
전자우편   info@ilemonde.com

ISBN   979-11-92618-02-9

이 도서의 국립중앙도서관 출판예정도서목록(CIP)은
서지정보유통지원시스템 홈페이지 (http://seoji.nl.go.kr) 와
국가자료공동목록시스템 (http://www.nl.go.kr/kolisnet) 에서 이용하실 수 있습니다.